로펌변호사가 들려주는

세금이야기
2

법무법인(유) 화우
YOON & YANG

박영사

세금 이야기 2권 발간에 즈음하여

이 책은 법무법인(유) 화우 조세그룹 소속 조세전문가들이 틈나는 대로 작성하여 머니투데이에 칼럼 형식으로 기고하였던 글을 다듬어 묶은 것입니다.

세금과 관련하여 가장 많이 언급되는 말은 "사람이 세상을 살아가면서 피할 수 없는 2가지가 죽음과 세금"이라고 한 벤자민 플랭클린의 말일 것입니다. 이처럼 세금은 일상생활과 밀접한 관계에 있음에도 다른 한편으로는 가능하면 피하고 싶기도 한 것인지라 일반인들은 그 내용을 잘 모르기도 하고, 가까이 두고 이해하려 하지 않는 듯합니다.

법무법인(유) 화우 조세그룹 소속 조세전문가들은 세금이 우리 일상생활 속에서 어떠한 영향을 미치는 지를 알아야 세금으로 인한 불확실성을 줄여 안정적인 경제활동을 할 수 있을 것이라는 생각을 가지고, 일반인들이 조금이라도 쉽게 세금 문제에 접근할 수 있도록 해보자 하는 취지에서 머니투데이에 세금에 관한 이야기를 칼럼 형식으로 기고하였고, 그것을 다듬어 2019년 8월 "로펌변호사가 들려주는 세금 이야기"라는 이름으로 책자를 발간하였습니다. 그 이후에도 이러한 노력은 계속되었고, 벌써 3년이라는 시간이 흘러 지난 번 책자에 싣지 않은 글들이 제법 쌓여 이번에 다시 2권으로 묶었습니다.

도스토예프스키는 '독자가 이해를 못하면 독자에게 엎드려 절을 하라. 잘못은 글을 쓴 당신에게 있으니'라는 말을 남겼다고 합니다. 전문가가 아닌 독자들로서는 세금에 관한 이야기가 쉽게 와닿지 않을 수 있으나, 이 책의 집필자들은 오랜 기간 동안 조세분야의 소송과 법률 자문을 맡아오면서 쌓은 지식과 경험을 토대로 세금에 조금이라도 관심을 가지고 있는 독자들이라면 출퇴근 길 지하철 안에서도, 자기 전 침대 머리맡에서도 누구나 부담 없이 읽고, 세법에 관한 지식 한 조각을 얻을 수 있도록 글을 다듬었습니다.

　매년 연말이 되면 신문과 인터넷에 다음 해 세법개정안에 대한 기사들로 가득 메워집니다. 이처럼 세금에 관한 법은 경제 여건이나 정책의 변화에 따라 빈번하게 개정되는 특성을 가지고 있어 수시로 세부내용이 달라질 수는 있지만, 세법 또한 여느 분야와 마찬가지로 몇 가지 기본적인 원칙을 토대로 삼고 있으므로 큰 틀을 이해하고 있으면 세법이 개정되더라도 세금을 이해하는 데 큰 장애가 되지 않을 것입니다.

　이 책에 실린 글을 읽게 되는 독자들이 "아하 세금이라는 것이 이런 것이구나"하는 느낌을 가지고, 다음 페이지, 다음 글을 계속 읽어 나갈 수 있었으면 하는 바람을 가져 봅니다. 집필자들은 일반인들이 조금이라도 쉽게 세금 문제를 접근할 수 있도록 글을 써보겠다는 생각으로 내딛은 발걸음을 여기서 멈추지 않고 앞으로도 계속 노력할 것을 약속드립니다.

　감사합니다.

2023년 1월

저자 일동

차례

I. 세금 일반에 관한 이야기

II. 소득과 소비 그리고 재산에 관한 세금 이야기

III. 보다 나은 조세정책을 위한 이야기

IV. 납세자의 권리구제와 조세제재에 관한 이야기

V. 국제조세와 관세에 관한 이야기

VI. 미래사회의 세금 이야기

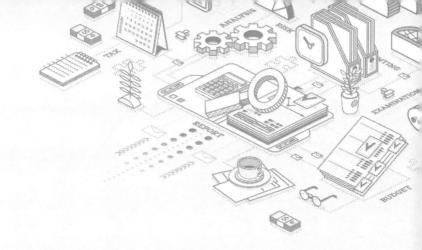

로펌변호사가
들려주는
세금이야기

I

세금 일반에 관한 이야기

일생을 함께 하는 동반자 세금

전완규 변호사

사람이 태어나면서 죽을 때까지 언제나 함께 하는 것은 세금이다. 소득이 없는 어린 시절에는 세금을 내지 않는다고 생각할 수도 있다. 그러나, 소득을 얻지 않은 경우에도 내야 하는 세금이 있다. 가령 부가가치세가 그것이다. 부가가치세는 물건과 서비스에 붙는 세금이어서, 물건과 서비스를 소비하면, 소득이 없더라도, 내야 하는 세금이기 때문이다. 이러한 착각은 우리나라가 부가가치세를 물건 가격에 미리 포함시켜 표시하고 있는 사회적 환경에서 기인한다. 영수증에는 물건 가격과 부가가치세를 구분하여 표시되어 있으나, 이보다 더 쉽게 부가가치세의 존재를 쉽게 알 수 있도록 하는 방법은 의외로 간단하다. 매장의 물건 가격에는 물건 그 자체의 가격(공급가격)만을 표시하고 계산할 때 부가가치세를 별도로 계산하도록 하면 된다. 그 대표적인 나라가 미국이다. 미국은 매장에 적혀 있는 가격은 물건 그 자체의 가격만을 표시하고 있으며, 계산할 때 (우리의 부가가치세에 해당하는) Sales Tax를 따로 받고 있다.

학교를 졸업하고 직장에 들어가 소득을 얻게 되면, 소득세를 내게 된다. 회사는 근로소득세와 지방소득세를 원천징수하고 나머지만을 지급한다. 소득에 맞추어 국민연금, 건강보험료 등도 별도로 낸다. 다만, 우리나라는 어찌하다 보니, 2018년 기준으로 전체 근로자 중 하위 38%에 해당하는 근로자는 근로소득세를 전혀 내지 않고 있다. 나라마다 소득세 면세 산정 기준이 다르지만, 소득세를 최초로 도입한 영국은 면세 혜택을 받는 근로자가 우리보다 10배 정도 적은 약 3% 정도인 것으로 알려져 있다. 또한 성인이 되어 술과 담배를 소비하게 되면, 부가가치세 이외에 주세, 담배소비세, 교육세도 내게 된다. 술과 담배 가격에 여러 가지 종류의 세금이 포함되어 있기 때문인데, 세금이 차지하는 비중은 무려 술이 약 72%(맥주 기준), 담배가 약 74%이다. 술과 담배를 소비하는 사람은 대략 술, 담배 가격의 약 2/3에 해당하는 금액을 세금으로 내고 있는 셈이다.

어느 정도 경제적 여유가 생기면, 자동차나 집을 사게 된다. 자동차를 살 때에는 부가가치세, 개별소비세, 등록세, 지방교육세 등을 내고, 보유하는 동안에는 매년 자동차세를 추가로 낸다. 물론 자동차 한 대를 살 때 내는 세금은 부가가치세 등만이 아니라, 자동차를 사는 데 필요한 돈을 마련하기 위하여 소득세를 이미 냈다는 점도 간과해서는 안 된다. 예를 들면, 연간 소득이 1억 원이 넘는 고소득자가 1억 원짜리 고가의 자동차를 산다면, 약 2,000~3,000만 원을 소득세로 이미 냈고, 약 1,700~1,8000만 원 정도를 부가가치세, 등록세 등으로 내는 셈이니, 1억 원짜리 자동차를 구입하는 데 실제로 내는 세금은 무려 4,000만 원을 넘는다고 봐도 무방하다. 자동차보다 금액이 더 큰 집을 살 경우에는 세액이 상대적으로 큰 취득세, 지방교육세 등을 내야 한다. 집을 보유하고 있는 동안에는 매년 재산세, 종합부동산세도 내야 하고, 집을 팔 때에는 양도소득세도 내야 한다. 물론 지방소득세도 항상 따라다닌다. 그리고 집을 보유하고 있는 것과 관계없이 세대주로 살고 있는 동안에도 매년 주민세를 낸다.

여유 돈이 있어 금융기관에 돈을 맡겨 이자를 받으면, 이자소득세도 내야 한다. 가지고 있는 주식에서 배당금이 나오면 배당소득세를, 주식을 팔면 증권거래세를 낸다. 자식을 결혼시키기 위해 자식에게 돈을 주면, 증여세를 낸다. 이때 증여세를 대신 내주면, 증여세에 해당하는 돈 역시 증여한 것이므로, 이에 대하여도 증여세를 따로 내야 한다. 나이가 들어 죽게 되면, 가족들에게 남겨 준 재산에 대하여는 상속세가 따라온다. 그렇다 보니, '서울 시내에 있는 건물의 반절은 국가 것이고, 건물 소유자가 바뀌더라도 국가는 결코 변하지 않는 숨은 소유자이다'라는 우스개 소리가 나올 정도이다.

이렇다 보니, 아이가 태어나는 것을 반기는 것은 부모만이 아니라, 국가 또한 마찬가지일 것이다. 태어나면서 죽을 때까지 언제, 어디서나, 우리의 모든 경제활동에 대하여, 우리가 알고 있든 모르든, 세금이 항상 따라다니니, 세금에서 벗어나는 것은 불가능하다. 우리는 언제나 세금을 내면서 생활하고 있다. 그렇기에 국가가 우리로부터 받을 세금을 제대로 관리하면서 쓰고 있는지 역시 꾸준히 관심을 기울여야만 하고, 국가의 잘못된 세금 사용을 방치해서는 안 된다.

우리나라 국민 중 얼마나 세금을 내고 있을까?

전완규 변호사

코로나가 우리의 일상을 강타한 2020년, 코로나 다음으로 많이 회자된 말이 무엇일까? 아마도 부동산 규제인 것 같다. 그런데, 부동산 규제는 항상 세제 변화를 동반하고 다닌다. 정부가 부동산 가격 안정을 위해 내 놓은 대책 대부분이 세금을 통한 규제였기 때문인데, 그 덕분인지 몰라도 요즘만큼 많은 국민들이 세금에 관심을 갖게 된 시기도 없었던 듯 하다.

그렇다면, 우리나라에서는 세금을 누가 얼마나 내고 있을까? 2019년 기준으로 전체 세수 284.4조 원에서 소득세가 31.3%(89조 원), 법인세가 25.4%(72조 원), 부가가치세가 24.9%(71조 원) 등 81.6%를 차지하고 있다. 부가가치세를 제외하면, 소득세, 법인세를 내는 자가 대부분의 세금을 내고 있다고 보아도 무방하다.

2018년 통계에 따르면, 소득세는 근로소득, 종합소득을 합하여 상위 0.1%가 전체 소득세의 18.7%, 상위 1%가 41.6%, 상위 10%가 78.3%를 납부했다. 법인세는 상위 0.1% 법인이 전체 법인세의 58.8%를, 상위 1% 법인이 78.4%를 납부했다. 우리 사회는 100명 중 10명의 개인소득자가 전체 소득세의 3/4을 부담하였고, 100개 기업 중에서 하나의 기업이 전체 법인세의 3/4을 부담한 셈이다.

문제는 상위 개인과 법인이 부담하는 소득세와 법인세 비중이 점점 커지고 있다는 점이다. 반면에, 소득세의 경우 하위 38.9%의 근로소득자는 소득세를 전혀 내지 않았다. 소득세는 10명 중 한 명이 전체 소득세의 약 80%를 내는 와중에 다른 4명은 세금을 한 푼도 내지 않았다는 얘기이다.

이러한 우리나라의 소득세, 법인세 현황은 우리나라의 소득 배분이 불균형 상태에 빠져 있거나 빈부 격차가 점점 심해지고 있으며, 기업의 수익 역시 소수 기업에 집중되고 있다는 점을 말하고 있다. 열심히 일한 사람이나 기업이 그에 상응하는 대가를 받고 수익을 창출하는 것이 맞지만, 개인 소득의 격차가 심해지거나 기업의 수익이 소수 기업에 집중된다는 것은 사회 구성원들 간의 갈등을 초래해 사회의 불안정성, 불확실성을 높인다는 점에서 소득이 낮은 사회 구성원, 소득이 높은 사회 구성원 모두에게 부정적인 영향을 미친다.

특히, 소득세, 법인세 대부분을 납부하는 상위 계층은 왜 우리만 세금을 부담하냐는 불만을 호소할 것이고, 하위 계층에게는 세금이 남의 일, 즉 세금에 대한 무감각증이 생길 것이다. 이는 소득이 있는 곳에 세금이 있고 사회 구성원 모두 누구나 세금을 조금씩이라도 낸다는 공평과세 원칙의 붕괴를 의미한다.

　한 국가의 조세 정책은 사회 전체의 소득을 증가시키면서 동시에 사회 구성원 모두에게 공평하게 세금을 낼 수 있는 방향으로 추진되어야 한다. 우리의 조세 정책은 어떤가? 적어도 최근 몇 년 동안은 조세 정책을 규제 수단으로 활용하거나 더 많은 세금을 걷는 목적으로 펼쳤다는 인상을 받지 않을 수 없다. 소득세, 법인세의 약 80%를 부담하는 상위 10% 계층이 세금을 부담해서라도 더 많은 소득을 창출하겠다는 조세 환경을 조성하고 동시에 모든 사회 구성원들이 골고루 세금을 부담하게 하는 방향(예를 들면, 소득세를 전혀 내지 않는 40% 근로소득자에게도 매달 소액이라도 세금을 내도록 하는 방안)으로 조세 정책을 수립할 필요가 있다.

공평과세에 대한 동상이몽

박정수 변호사

　공평과세는 조세부담이 국민에게 공평하게 배분되어야 한다는 원칙으로, 과세에 있어 가장 중요한 원칙 중의 하나다. 여러 이해관계자나 단체들이 각양각색의 과세 제도, 입법 등을 주장하면서 그 근거로 한결같이 공평과세를 내세우고 있다고 해도 과언이 아니다. 그러나 자세히 들여다 보면, 주장하는 공평과세의 구체적인 실현 방안이 서로 다른 경우도 많고 심지어 서로 반대되는 경우도 드물지 않다. 이는 '공평과세'라는 단어를 사용하면서도 그 뜻이 무엇인지, 공평과세의 기준은 무엇인지, 공평과세를 실현하는 방법은 무엇인지 등에 관하여 서로 다른 생각을 가지고 있는데 기인한 것으로 보인다.

　오늘날 공평과세는 원칙적으로 응능(應能)과세를 의미한다고 보고 있다. 응능과세란 소득, 재산, 부(富)와 같은 납세능력 내지 담세력에 따라 과세를 하여야 한다는 것이다. 그러나 이러한 공평과세의 개념은 역사적으로 변화, 발전하여 온 역사적 산물이지 선험적인 것은 아니다.

과거에 누구나 같은 세금을 내는 것이 공평과세라는 생각이 있었다. 공동체의 일원이라면 누구라도, 그리고 똑같이 세금을 부담해야 한다는 생각이다. 인두세(人頭稅, tax per head)가 대표적이다. 이러한 방식으로 부과하는 조세는 소득, 재산 등의 담세력을 묻지 않고 일률적으로 정하기 때문에 담세력이 없는 대다수의 서민들에게는 가혹하여 조세저항에 부딪히곤 하였다. 예컨대, 우리나라의 경우 대표적 인두세로 평가되는 조선시대의 군포는 백성들의 민란, 조세저항을 불러일으켰고, 영국에서는 1380년에 부과된 인두세가 1381년 농민반란의 주된 원인으로 평가되고 있다. 오늘날 담세력과 무관하게 누구나 똑같은 세금을 부담하도록 하는 과세 제도는 공평과세의 측면에서 적절하지 않다고 지적받고 있지만 아직도 상당 부분이 남아 있다. 우리나라의 경우 대표적으로 주민세 개인분이 여기에 해당하고, 부가가치세 등의 간접세도 넓게 보면 같은 생각을 기반으로 한 과세로 평가할 수 있다.

근대 초기에 이르러 공평과세는 응익(應益)과세를 의미한다는 생각이 대두하였다. 응익과세란 납세자가 공공부문에서 받는 이익 또는 편익(benefit)에 따라 하는 과세를 말한다. 이러한 생각도 나름대로 합리적인 점이 있지만 공평과세는 응능(應能)과세를 의미한다는 생각이 더 널리 받아들여지게 되었다. 오늘날 우리나라도 소득을 과세대상으로 하는 소득세, 법인세 등 주요한 세금이 대부분 응능과세에 따르고 있기는 하나, 지방세 등 응익과세를 기반으로 하는 과세도 여전히 남아 있다.

결국 역사적으로 볼 때 공평과세의 개념에 대해서는 누구나 같은 세금을 내는 것에서부터 응익과세를 거쳐 응능과세가 널리 지지를 받기에 이르렀지만, 오늘날 우리나라 과세 제도에는 여전히 여러 요소의 과세가 혼재하는 것에서 알 수 있듯이, 공평과세의 개념이 응능과세로 완전히 귀결되었다고 말하기는 어렵다. 이러한 점이 공평과세의 논의를 어렵게 만드는 근본 요인 중 하나가 될 수 있다.

응능과세는 공평과세를 위해서는 납세능력 내지 담세력에 따라 과세를 해야 한다는 생각에 터잡고 있지만, 구체적으로 들여다보면, 납세능력이나 담세력을 어떻게 파악할지, 납세능력이나 담세력에 따른 과세 차등의 정도를 얼마나 둘지 등에 관하여 의견이 다른 경우가 많다.

예컨대, 공평과세를 실현하기 위해서는 '소득, 재산 등 담세력이 있는 사람이 현재보다 더 많은 세금을 내도록 해야 한다.'거나 '현재보다 누진율을 더 강화해야 한다'는 이른바 '부자증세' 주장이 많이 제기되고 있지만 이에 반대하는 주장도 적지 않다.

다른 측면에서 납세의식 제고와 조세정의를 위해서는 근로소득자 중 면세점 이하의 소득자를 줄여야 한다는 주장도 제기고 있다. 우리나라 조세부담이 유달리 특정 계층에 집중되어 있어 국민개세주의에 반하고, 특히 근로소득자 중 약 40%가 면세점 이하의 소득자로서 세금을 전혀 납부하지 않으므로 조세 형평성에 반한다는 주장이다. 요컨대, '납세능력 내지 담세력이 적은 사람들 상당수가 세금을 내지 않는 것은 공평과세에 반한다'는 주장인 셈인데, 일반적인 공평과세나 응능과세의 논의와 어떻게 부합하는지 판단하는 것이 쉽지 않다. 정부와 과세관청도 이러한 문제점에 대해서 어느 정도 인식을 같이하여 장기적으로 이를 해결하는 방안을 모색 중이라는 언론 보도도 있다.

공평과세를 실현하기 위한 구체적인 방안으로, 세원의 투명성을 제고해야 하고 세무조사도 철저하게 해야 한다거나 조세포탈범에 대한 처벌을 강화해야 한다는 주장도 많이 제기되고 있다. 소득, 재산 등을 숨겨 세금을 탈루하는 경우가 발생하지 않도록 해야 하고 그와 같은 사실이 적발되었을 때에는 엄벌해야 한다는 주장은 공평과세 실현을 위해서는 너무나도 당연한 것으로 보인다. 그런데, 근래에 대법원은 헌법상 적법절차의 원칙 등을 강조하면서, 세무조사에 절차적 위법이 있는 경우에는 설령 과세처분의 실체적 내용 자체에 문제가 없더라도 그 과세처분은 위법하다고 하면서 과세처분을 취소하는 판결을 잇따라 선고하고 있다. 또한 조세사건의 형사사건화를 경계해야 한다는 주장, 우리나라 조세범 처벌 규정의 법정형은 외국의 입법례에 비추어 볼 때 지나치게 중하다는 주장도 제기되고 있다. 공평과세를 목적으로 하더라도 그 수단이 적법, 적정해야 하고, 과세에 있어 고려할 원칙에는 공평과세 외에 다른 것들도 존재한다는 것으로 이해할 수 있다.

'공평(公平)'의 사전적인 의미가 '어느 한 쪽으로도 치우치지 않고 고름'이라는 것에서 알 수 있듯이 공평은 가치판단의 문제로서 시대마다, 사람마다, 상황마다 다르게 파악될 수 있음은 당연하다. 구체적인 과세 제도나 과세 내용이 공평한지는, 한편으로는 과학적 분석을 통하여, 다른 한편으로는 여러 이해관계자들이 공개된 장에서 가치의 공유와 합리적 토론을 통하여 판단할 일이다. 이러한 작업 없이 이해관계자들 각자가 자신이 제시하는 과세 제도나 입법 방안만이 공평과세에 부합한다고 주장한다면, 공평과세는 구실일 뿐이고 그 뒤에 숨어 있는 다른 목적이나 의도가 있는 것은 아닌지 의심해 볼 일이다.

겉 모습과 다른 숨겨진 진실, 세금은 어느 것을 기준으로?

이경진 변호사

인간으로서 피할 수 없는 것이 죽음과 세금이라고 하는데 이 말은 죽음만큼 피하고 싶은 것이 세금이라는 의미를 함축하고 있다. 실제 납부할 세금을 줄이거나 피하기 위해 납세자들은 과세요건에 해당하지 않도록 여러 가지 복잡한 거래 구조를 만들기도 하고, 우회적인 거래를 하는 등 다양한 편법을 동원하기도 한다.

납세자의 이러한 심리를 잘 알고 있는 과세관청 또한 이에 대항할 방법을 마련해 두고 있는데, 그 방안 중 하나가 바로 '실질과세원칙'이다. 실질과세원칙이란 쉽게 말하여 겉으로 드러난 형식적인 거래 구조를 그대로 수용하여 과세 여부를 결정할 것이 아니라, 숨겨진 진실이 무엇인지 실질을 파악하여 과세 여부를 결정하여야 한다는 의미이다.

우리 국세기본법은 '간접적인 방법이나 둘 이상의 행위 또는 거래를 거치는 방법에 의하여 세법의 혜택을 부당하게 받기 위한 것으로 인정되는 경우에는 그 경제적 실질에 따라 당사자가 직접 거래한 것으로 보거나 연속된 하나의 행위 또는 거래로 보아 세법을 적용한다'(제14조 제3항)고 하여 납세자가 조세회피를 위해 우회행위 또는 다단계행위를 할 경우에도 경제적 실질에 따라 과세를 할 수 있도록 규정하고 있다. 또한, 상속세 및 증여세법 제2조에도 같은 취지로 '둘 이상의 거래를 거치는 방법으로 증여세를 부당하게 감소시킨 것으로 인정되는 경우 그 경제적 실질에 따라 연속된 하나의 행위 또는 거래로 보아 과세'하도록 규정하여 '실질과세원칙'을 천명하고 있다.

　　그러나 납세자의 행위가 여러 단계에 걸쳐 복잡한 거래구조를 취한다면 그 법적 실체가 무엇인지 가리는 것은 결코 쉬운 일이 아니다. 이론상으로는 납세자의 조세회피행위, 즉 거래 외형을 부인하기 위해서는 거래의 형태와 내용, 당사자가 거래를 통해 달성하고자 한 경제적 목적, 당사자 사이의 관계, 당사자의 구체적인 의사 등 여러 가지 요소를 종합적으로 판단하여야 한다고 설명하는데, 실제 적용에 있어서는 그러한 판단 자체도 만만치 않다.

　　결국 구체적인 사례를 통해 실질과세원칙을 적용하여 조세회피행위를 부인할 수 있는지 여부의 판단기준을 찾을 수밖에 없는데, 이에 관하여 대법원에서 참고할 만한 판단기준을 제시한 사례가 있어 간략하게 소개해 본다.

　　2010년대 초 회사가 사모의 형태로 분리형 신주인수권부 사채를 발행하고, 이를 금융기관이 취득한 다음, 같은 날 곧바로 신주인수권을 분리하여 위 회사의 대표이사이자 최대주주인 A에게 곧바로 매도하였는데, 몇 년 후 A가 위 신주인수권을 행사하여 상당한 이익을 얻은 사례가 있었다. 과세관청은 신주인수권부 사채의 발행부터 신주취득, 신주인수권증권의 행사에 이르기까지의 일련의 행위들이 형식상으로는 회사로부터 금융기관, 회사의 최대주주로 단계적 거래가 이루어졌지만 이는 별다른 사업상 목적 없이 증여세를 부당하게 회피하거나 감소시키기 위한 목적의 우회거래이고, 이는 실질적으로 회사의 최대주주가 회사로부터 신주인수권을 취득하여 행사함으로써 이익을 얻은 경우에 해당한다는 이유로 실질과세원칙을 적용하여 증여세를 과세하였다.

납세자는 이에 불복하여 소송을 진행하였는데, 대법원은 위 신주인수권부 사채의 발행, 취득, 신주인수권의 행사로 이어진 일련의 행위에 있어, 회사로서는 신규사업 진출을 위한 운영자금의 조달이 필요한 상황에서 신주인수권부 사채를 발행할 당시 금융기관의 대출금 이자율이 보다 사채이율이 더 유리한 조건이어서 사업상 목적으로 발행하였고, 금융기관은 사채로부터 분리된 신주인수권을 조기에 처분함으로써 이익을 얻음과 동시에 주가변동의 위험을 회피하고자 하였으며, 회사의 최대주주는 금융기관의 매수요구에 따라 주가하락의 가능성을 상당기간 감수하고 신주인수권을 취득한 것인데, 나중에 신주인수권의 취득과 행사를 통해 이익을 얻었더라도 이는 주가하락의 가능성을 상당기간 감수한 데 따른 것일 뿐만 아니라, 그 밖에 여러 복합요인이 작용한 결과로 볼 수 있다는 점을 종합하여 볼 때, 위 일련의 행위가 처음부터 주가상승을 예정하고 최대주주에게 주가상승으로 인한 이익을 과다하게 분여하기 위한 목적을 가지고 그 수단으로 이용된 행위라고 단정할 수 없다는 이유로 증여세 과세가 부당하다고 판단하였다.

결국 정상적인 시장의 조건과 위험에 따라 거래하는 한, 거래의 주된 동기가 조세를 회피할 의도에서 비롯되었다는 이유만으로 그 효력을 부인하여서는 아니 된다는 것이 대법원의 견해임을 알 수 있다. 실질과세원칙이란 무기는 조세회피를 막기 위해 적용할 수 있는 강력한 제재수단이기는 하나, 여러 단계 거래를 거쳐 얻은 이익에는 손실 등의 위험 부담에 대한 보상뿐 아니라 외부적인 요인이나 행위 등이 개입되어 있을 수 있으므로 단순히 결과만을 가지고 어느 때나 만능으로 사용되어서는 아니될 것이다. 이처럼 실질과세의 원칙의 적용범위를 제한한 대법원의 입장은 시사하는 바가 크다.

실질과세원칙 일관된 적용이 필요하다

정종화 변호사

우리가 영위하는 모든 경제적 활동에는 세금이 그림자처럼 따라붙는다. 소득을 얻은 개인 또는 법인에게 부과되는 소득세와 법인세, 재화나 용역의 구매자가 부담하는 부가가치세, 상속이나 무상으로 얻은 재산에 부과되는 상속세와 증여세, 부동산 등의 취득·보유에 대하여 부과되는 취득세와 재산세·종합부동산세, 수입 시 부과되는 관세 정도가 보통 사람들에게 익숙한 세금일 것이다. 그 외에도 인지세, 증권거래세, 교육세, 재평가세, 교통·에너지·환경세, 레저세, 주세, 담배소비세, 지역자원시설세, 주민세, 등록면허세, 국외전출세 등 여러 종류의 세금이 있고, 담배나 주류, 석유제품의 가격에는 물건 원가보다 덧붙은 세금이 더 많다. 심지어 뇌물이나 도박이익과 같이 위법하게 얻은 소득에 대해서도 세금이 부과된다.

그러다 보니 누구나 세금을 보다 적게 부담하기 위한 조세회피

내지는 탈세의 유혹을 느끼게 된다. 이를 위해 명의대여, 위장거래, 우회거래 등과 같은 비정상적 거래들이 나타난다. 이러한 조세회피 행위를 규제하기 위하여 우리 세법은 국세기본법 제14조에서 '실질 과세'를 규정하고 있다. '실질과세'란 조세의 부담을 회피할 목적으로 과세요건사실에 관하여 실질과 괴리되는 비합리적인 형식이나 외관 을 취하는 경우에 그 형식이나 외관에 불구하고 실질에 따라 담세력 이 있는 곳에 과세한다는 의미이다. 구체적으로는 소득이나 재산의 명의자와 실제 귀속자가 다른 경우 실제 귀속자에게 과세하고(귀속의 실질), 거래의 형식 또는 명칭과 실제 내용이 불일치하는 경우에는 내용에 따라 과세하며(거래내용의 실질), 부당하게 세금 부담을 줄이 는 간접·다단계 행위에 대하여는 그 경제적 실질에 따라 과세하게 된다. 예컨대, 아버지가 자신의 부동산을 자식에게 이전함에 있어 매 매계약의 형식을 취했더라도 그에 따른 매매대금이 정상적으로 수수 되지 않은 경우, 그 실질은 증여로서 증여세 부과대상이 되는 것이다.

이와 같이 '실질과세'는 주로 조세회피행위를 규제하기 위한 과 세논리로 기능하는 것이 사실이지만, 반대로 거래행위가 과세대상에 해당하는 형식이나 외관을 취하고 있더라도 그 실질 내용이 과세대 상에 해당하지 않고 담세력을 결한 경우 '실질과세'는 비과세논리로 도 적용됨이 마땅하다.

그러나 실제로는 비정상적인 조세회피행위를 부인하고 경제적 실질에 따라 과세하는 측면에서 "실질과세"가 매우 적극적으로 활용 되고 있는 것과 달리, 비과세 또는 감면조항의 적용과 관련하여서는

'실질과세'의 적용이 제한된 범위에서 매우 소극적으로 이루어지고 있는 것이 현실이다. 뿐만 아니라, 납세자의 신고나 납부 등 납세의 무를 불이행에 대하여는 신속하게 가산세를 포함한 과세처분 등의 제재가 이루어지는 반면, 과오납된 세금 또는 잘못된 과세처분에 대하여는 납세자가 스스로 문제를 제기하기 전에 과세관청이 스스로 환급이나 감액경정 등의 시정조치를 취하는 것은 오히려 이례적이다.

최근 대법원에서 '실질과세'를 비과세 논리로 삼았던 귀한 사례가 있어 간략하게 소개해 본다.

A회사는 대규모 개발사업을 진행하기 위해 특수목적법인(SPC)를 설립한 후 그 소유의 토지를 특수목적법인에게 매각하였고, 원활한 사업진행을 위해 매각대금 잔금을 지급받기 전에 특수목적법인에게 소유권이전등기를 경료해 주었다. 매수인인 특수목적법인은 매수한 토지를 담보신탁하여 사업자금을 조달하였고, 매도인 A회사에 대한 잔금 지급의무를 담보하기 위하여 A회사를 담보신탁계약상 1순위 우선수익권자인 대주단에 이어 2순위 우선수익권자로 지정하였다. 이후 경기 침체 등으로 인하여 개발사업이 중단되면서 특수목적법인이 잔금 지급의무를 이행할 수 없게 되자, A회사는 특수목적법인과의 토지 매매계약을 해제하고 담보신탁계약상 2순위 우선수익권에 기초하여 수탁자로부터 소유권이전등기를 받는 방법으로 토지의 소유권을 회복하였다. 이에 대하여 대법원은 A회사가 형식적으로 신탁계약상 우선수익권자의 지위에서 수탁자로부터 신탁재산인 토지를 이전받는다고 하더라도, 그 소유권 이전의 실질은 매매계약

의 해제에 따른 원상회복이므로 취득세 과세대상이 되는 부동산 취득에 해당하지 않는다고 판단하였고, 1심과 2심의 결론도 동일하였다.

거래의 전체적인 상황을 살펴보았을 때 A회사의 토지 취득이 취득세 과세대상이 되는 새로운 취득이 아니라 토지 매매계약 해제에 따른 원상회복 성격으로 비과세대상임을 쉽게 알 수 있었고, 납세자가 과세 전 단계에서 이러한 사정을 충분히 설명하였음에도 불구하고, 과세관청은 담보신탁계약상 우선수익권자라는 A회사의 형식적 지위에만 주목하여 막대한 취득세를 부과·징수하였다. 그 결과 A회사는 대법원에 의하여 취득세 부과처분이 최종적으로 취소되기까지 약 6년 여에 걸쳐 불복 쟁송에 시달려야 했다.

'실질과세'는 가치 중립적인 개념이다. 따라서 '실질과세'는 그 대상이 과세요건인지 비과세요건이나 감면요건인지를 불문하고 일관되게 적용되어야 하고, 이는 국세기본법 또는 지방세기본법상 세무공무원의 신의성실 의무에 비추어 보더라도 당연한 것이다. 또한, 과세관청의 책무는 단순히 세금을 많이 부과·징수하는 것이 아니라 적법하게 세금을 부과·징수하는 것이므로, 적극적인 측면의 세금 부과·추징을 통한 세수확보 업무에 상응하여 소극적인 측면의 감액 경정·환급을 통한 조세정의 실현에도 충분한 노력을 기울여야 한다. 이러한 원칙이 확립될 때 우리 과세행정은 국민들로부터 신뢰를 얻음과 동시에 투명성과 예측가능성을 제고할 수 있을 것이다.

세금이 감면된다는 법령을 믿고 투자했는데, 갑자기 법령이 개정되면 어떻게 될까?

이경진 변호사

법령이 개정되는 경우 개정 전 법령(이하 '구법')에 규정하였던 과세특례를 개정 후 법령(이하 '신법')에는 규정하지 않는다던가 그 내용이 변경되어 규정되는 경우가 종종 있다. 이 경우 구법 적용 당시 한 행위가 추후 신법이 적용되는 기간에 어떻게 적용될 지에 관하여 논란이 되는 경우가 적지 않다. 예컨대 회사가 연구인력개발비 투자를 하여 향후 몇 년 간 법인세 및 법인지방소득세 감면 혜택을 볼 것이라고 예상하고 투자를 단행하였는데, 신법에서 위 규정이 개정되어 이러한 혜택에 관한 규정을 삭제하거나 줄이는 내용으로 변경하는 경우에는 신법이나 구법 중 어느 것이 적용될 것인가? 당초 기대하였던 혜택은 유지될 것인가?

원칙적으로 세법에서는 납세의무 성립시점을 기준으로 그 때의 법령을 적용한다. 통상 신·구법간에 어느 것을 적용하여야 할지에 대하여 논란이 발생하지 않도록 신법은 부칙에 경과규정을 두어 해결하기도 한다. 경과규정이란 법령을 제·개정하는 경우 구법 질서 하에서 유지되던 종전의 지위나 이익을 침해하지 않게 보호하고 또한 종전의 지위가 급격하게 변동되지 않게 배려하는 목적을 달성할 수 있도록 법규정의 변동에 따라 적용할 법규정이 신법과 구법 중 어느 것인지를 명확하게 하기 위한 경과조치를 담은 규정이다. 이러한 경과규정을 세법은 그 규율 대상에 따라 '이 법 시행 당시 종전의 규정에 따라 부과 또는 감면되었거나 부과 또는 감면하여야 할 ○○세에 대해서는 종전의 규정에 따른다'는 형태로 개정법률 전반에 적용될 것을 예정하는 '일반적 경과규정'과 '이 법 시행 전에 ○○세 납세의무가 성립한 경우에는 △△의 개정규정에도 불구하고 종전의 규정에 따른다'와 같이 개별규정에만 적용될 것을 예정하는 '개별적 경과규정'으로 구분하여 규정하고 있다. 후자와 같이 개별 규정에 대해 명확하게 규정하고 있는 경우에는 해석의 여지가 별로 없을 것이다.

그런데 경과규정의 해석이 모호한 경우 세법의 일반원칙에 따라 납세의무가 성립된 당시인 신법을 적용할 것인가 아니면 납세자의 신뢰를 보호하여 원인행위 당시 유효한 종전 법률을 적용할 것인가의 문제가 발생할 수 있다. 즉 신법 시행 이후 과세요건을 충족하는 경우 세법 적용의 일반원칙에 따라 신법이 적용되어야 함이 원칙이지만 구법에 대한 납세의무자의 신뢰와 기득권 보호를 위해 특별히 유리한 구법을 적용하여야 할 경우가 있을 수 있다. 판례는 예외적으로 다음의 요건, 즉 ① 납세의무자에게 불리한 조세법령의 개정, ② 경과규정의 존재, ③ 원인행위 당시 종전 규정에 장래의 한정된 기간 동안 원인행위에 기초한 과세요건의 충족이 있는 경우 비과세 내지 감면한다는 내용의 존재, ④ 종전 규정에 대한 신뢰에 기초한 원인행위를 하여 법적지위를 취득하거나 법률관계를 형성하는 등을 모두 충족하는 경우에 신뢰보호의 필요성이 있다고 보아 예외적으로 납세의무 성립 당시의 법령이 아닌 그 원인행위가 이루어진 당시의 법령인 종전 규정을 적용할 수 있다고 판시하고 있다.

최근 서두에 언급한 사안과 같이 원인행위가 있은 후 법령이 개정된 경우 신법을 적용할 것인지, 아니면 납세자의 신뢰를 보호하여 구법을 적용할지가 쟁점이 된 소송이 다수 진행되고 있다. 소송의 배경을 살펴보면 다음과 같다.

2014년 지방세법이 개정되면서 예전에 법인세액을 과세표준으로 하는 부가세 방식이던 지방소득세 법인세분이 법인세 과세표준을 과세표준으로 하는 독립세 방식의 지방소득세로 전환되었다. 구 지방세법하에는 법인지방소득세가 법인세액을 기초로 산출됨으로써 자연스럽게 법인세액 산정시 반영된 법인세법 등에 규정된 세액공제, 감면 및 이월공제의 효과를 함께 누리는 구조로 규정되어 있었으나, 개정 지방세법은 독자적으로 법인지방소득세를 산출하도록 하면서 지방세특례제한법에 법인지방소득세애 대한 세액공제, 감면규정을 두고 있지 않았고, 개정 지방세법 부칙에서도 "이 법 시행 당시 종전의 규정에 따라 부과 또는 감면하였거나 부과 또는 감면하여야 할 지방세에 대하여는 종전의 규정에 따른다"고 규정하였을 뿐, 명확하게 규정하지 않는 바람에 위 경과규정의 해석과 관련하여 납세의무자와 과세관청 간 '개정 지방세법이 적용되는 2014 사업연도 이후의 법인지방소득세를 산출할 때에도 이 사건 경과규정에 따라 개정 전과 마찬가지로 법인세법 또는 조세특례제한법에 따른 세액 감면 및 세액공제를 그대로 적용할 수 있는지 여부'에 관하여 논란이 생기게 되었다.

위 사안에서 구법을 적용하여 세액감면, 공제의 혜택을 받기 위하여는 판례에서 언급한 요건들이 충족되어야 할 것인데, 과연 위 요건들이 모두 충족되었는지, 특히 납세자의 신뢰가 마땅히 보호하여야 할 정도인지에 대하여는 과세관청과 납세의무자간에 첨예하게 의견이 대립되고 있다. 납세의무자는 당시 연구·인력개발비를 지출하면 당해 사업연도에 세액공제를 받거나 최저한세 제한 등으로 당해 사업연도에는 공제받지 못하더라도 그 다음 사업연도부터 5년간 이월하여 공제받을 수 있다는 신뢰를 가지게 되었고 그에 따라 지속적으로 연구비를 지출한 것이므로 이월 세액공제에 의한 법인지방소득세 감액에 대한 신뢰는 보호되어야 한다고 주장하는데 반해, 과세관청은 납세의무자가 주장하는 신뢰는 이월 세액공제를 받을 수 있다는 기대가능성에 불과하고 마땅히 보호되어야 할 정도로 볼 수 없다는 입장이다. 향후 대법원의 최종 판단이 어떻게 이루어질지 지켜봐야 할 것이다.

법령 등이 변경될 때에는 신구법간 어떻게 적용될지, 효력은 어떻게 되는지 등 다방면의 검토를 통하여 개정이 이루어진다. 그러나 간혹 예상치 않은 간극이 발생하여 당사자간에 분쟁으로 수년간 시간과 비용을 낭비할 수 있다. 따라서 이러한 분쟁을 방지하기 위하여는 궁극적으로 법령을 개정할 때 개정 취지, 개정 전과 개정 후의 법령 간 및 다른 법령과의 관계, 법령 내에서의 조문간 상호관계 등을 고려하여 종합적인 검토를 하고, 필요한 경우에는 경과규정에 적용할 법령이 어느 것인지를 명확하게 규정해 두는 것이 무엇보다 중요하다고 할 것이다.

제2차 납세의무가 무엇이길래? 갑자기 날아든 납세고지서

김용택 변호사

세금은 법에 정해진 납세의무자가 납부하여야 할 책임을 부담하는 것이 원칙이다. 그런데, 본래 납세의무자의 재산으로는 납부할 세금을 충당하기 부족한 경우에는 어떻게 할 것인가? 우리나라 세법에는 그러한 경우 예외적으로 부족세액을 납세의무자와 일정한 관계가 있는 자에게 보충적으로 납세의무를 부담하도록 하고 세금을 징수하는 제도를 규정하고 있다. 이를 제2차 납세의무라고 하는데, 민사상 보증채무와 유사한 성격을 가진다.

법에 정해진 제2차 납세의무 중 하나가 법인의 체납세액에 대하여 과점주주 등에게 제2차 납세의무를 지우는 경우인데, 통상 이를 과점주주의 제2차 납세의무라고 한다. 법인에 대해 제2차 납세의무를 부담하는 "과점주주"란 주주 또는 유한책임사원 1인과 그의 특수관계인 중 대통령령으로 정하는 자로서 그들의 소유주식의 합계 또는 출자액의 합계가 해당 법인의 발행주식총수 또는 출자총액의 50%을 초과하면서 그에 관한 권리를 실질적으로 행사하는 자들을 말한다. 쉽게 말해, 어느 법인에 대해 주주 자신과 그 특수관계인의 주식을 합해 50%를 넘게 보유한 경우에는 과점주주로서 제2차 납세의무를 부담한다고 이해하면 된다.

　미국과 독일의 경우에는 우리나라와 같이 과점주주에 대해 제2차 납세의무를 부담시키는 규정을 두고 있지 않고, 그 밖에 제2차 납세의무를 부담하는 다른 나라의 경우에도 고의·중과실을 요구하거나 불법적인 이익을 취하는 등 귀책사유가 있는 경우에 제한적으로 제2차 납세의무를 부과하고 있다고 한다. 그럼에도 유독 우리나라는 법인이 불법적으로 과점주주에게 이익을 분여하는 등 조세회피 우려가 있는지 여부를 불문하고, 과점주주에게 제2차 납세의무를 부담시키고 있다. 이에 대하여는 과점주주의 제2차 납세의무가 주주 유한책임원칙에 위배되고 주주의 재산권 침해 우려가 높으므로 과점주주에게 귀책사유가 있거나 불법행위로 이익을 얻는 등 법적 정당성이 있는 경우만 제2차 납세의무를 부담시켜야 한다는 비판이 있다.

　현행법상 과점주주의 제2차 납세의무를 규정하고 있는 이상 그 책임을 부정할 수는 없으나, 그 범위를 어디까지 확대할 수 있는지에 대하여 논란이 되었던 사례가 있어 간략하게 소개해 본다.

　甲이 회사(乙)의 지분 100%를 보유하고 있고, 다시 회사(乙)가 자회사(丙)의 지분 82%를 보유하고 있는 상황에서, 丙회사의 체납세금이 발생하였고 丙회사는 이를 납부할 자력이 없었다. 이 경우 자회사인 丙에 대해 乙은 주식 82%를 보유하고 있어 과점주주임이 분명하므로 과세관청은 우선 丙회사의 체납세금에 관해 乙을 제2차 납세의무자로 지정하고 세금을 부과하였으나, 乙 역시 이를 납부할 자력이 없었다. 이에 과세관청은 乙에 대해 주식 100%를 보유하고 있는 甲에게 재차 丙회사의 체납세금을 부과하였다.

그런데 甲은 [甲 → 乙 → 丙] 순차적으로 주식을 보유하고 있을 뿐 丙에 대해 직접 주식을 보유하고 있는 것이 아니어서, 丙에 대한 관계에서 甲은 직접 과점주주가 아니었다. 그럼에도 과세관청은 본래 납세의무자인 丙회사의 과점주주(1차 과점주주, 乙회사)가 제2차 납세의무를 이행하지 않으면, 1차 과점주주의 과점주주(2차 과점주주, 甲회사)가 재차 제2차 납세의무를 이행해야 한다고 본 것이다.

갑은 이에 불복하여 행정소송을 제기하였고, 대법원은 과점주주의 제2차 납세의무는 사법상 주주 유한책임의 원칙에 대한 중대한 예외로서 본래의 납세의무자가 아닌 제3자에게 보충적인 납세의무를 부과하는 것이기 때문에 그 적용 요건을 엄격하게 해석해야 한다는 이유로, 본래 납세자의 과점주주(1차 과점주주)의 과점주주(2차 과점주주)는 제2차 납세의무를 부담하지 않는다고 판단하였다(대법원 2019. 5. 16. 선고 2018두36110 판결). 즉, 丙회사의 체납세금에 대해 직접 과점주주인 乙만이 제2차 납세의무를 부담하고, 乙의 주주일 뿐 丙의 주식을 보유하고 있지 않은 甲에 대해서는 제2차 납세의무를 지울 수 없다는 것이다.

경영상 필요에 따라 기업집단이 자회사, 손자회사, 증손회사 등으로 복층 지배구조를 취하는 경우가 비일비재한데, [A → B → C → … → Z]로 순차 주식보유를 하고 있는 상황에서 과세관청의 과세논리를 허용할 경우 '과점주주의 제2차 납세의무' 범위가 무한정 확대되어 납세자의 예측가능성과 거래안전을 해칠 우려가 있음은 명백하다. 이러한 점을 감안하여 '2차 과점주주'의 책임범위를 제한한 대법원의 판단은 타당해 보인다.

세금을 제때 납부하지 않아도 되는 예외적인 경우가 있다는데…

이경진 변호사

세금은 법에 정해진 기한 내에 신고하고, 납부하여야 한다. 만일 그 기한을 넘기면 가산금 등 제재가 따르고, 체납처분이라는 강제징수절차를 진행하게 된다. 그러나 우리네 인간사에는 상식적으로 이해할 수 없는 불가사의한 일들이 발생하고, 예기치 못한 불가피한 일들이 청천벽력처럼 갑자기 나타나듯이 세금 또한 법 규정대로만 할 수 없는 특수한 상황이 발생하게 된다. 그러한 특수상황 중 하나가 2020년 1월부터 3년 가까이 지속되고 있는 코로나19일 것이다.

코로나 사태가 우리나라를 포함한 세계 경제 전반에 부정적인 영향을 미쳐 개인이나, 법인 모두 경제활동이 급속하게 위축되어 가고 있는 위기 상황에서 법 규정대로 세금을 부과·징수한다면, 그것은 납세자에게 너무나 가혹한 처사이다.

현재 우리나라를 비롯한 세계 각국은 위축된 경기에 활기를 불어넣기 위한 다양한 부양책을 내놓고 있는데, 국세청은 그 방안의 하나로 코로나19로 어려움을 겪는 자영업자와 중소기업 등의 자금 부담을 완화하기 위해 ① 신고·납부기한 연장, ② 징수 유예, ③ 체납처분 유예 등의 적극적인 세정지원을 실시한다고 발표하였다. 이러한 세정지원은 어떤 내용이고, 납세자에게 어떠한 효과를 가져오는지 각각 살펴보도록 하자.

먼저 신고·납부기한 연장이란, 법에 정해진 신고 및 납부기한을 9개월을 넘지 아니하는 범위에서 연장해 주는 것이다. 이번 국세청의 세정지원 내용대로 법인세의 신고 및 납부기한을 최대 9개월까지 연장할 수 있다면, 2021년 3월 31일까지인 2020 사업연도 법인세 신고 납부기한이 2021년 12월 31일까지로 연장되는 것이다. 이와 같이 연장된 기한까지 법인세를 납부하면 가산세가 부과되지 않으므로 결국 그 기간 동안 납부할 세금에 상당하는 자금을 다른 용도로 활용할 수 있다는 점에서 도움이 된다.

다음으로, 징수유예는 납세자에게 확정된 조세채무의 이행을 곤란하게 하는 개별적인 특별사정이 있는 경우에 그 조세의 징수를 일정기간 늦추어 주는 제도이다. 납기 개시일 전에 납세자가 일정한 사유로 인하여 국세를 납부기한 내에 납부할 수 없다고 인정하는 경우, 일정기간 납세의 고지를 유예하는 등 납세자에게 '기한의 이익'을 부여함으로써 세금 납부를 위한 자금을 마련할 수 있는 시간적 여유를 주는 것이다. 국세징수법은 확정된 조세채권으로서 '고지 전

국세', '고지 후 납부기한이 도래하지 않은 국세', 또는 '독촉 후 그에 의해 지정한 납부기한이 아직 도래하지 않은 국세'를 대상으로, 재해 또는 도난으로 재산에 심한 손실을 받은 때, 사업에 현저한 손실을 입은 경우 등(법 제15조 제1항)에 해당하면 징수유예를 할 수 있다고 규정하고 있다. 일단 징수유예의 대상이 되면, '고지 전 징수유예'의 경우에는 징수유예기간이 지날 때까지 납세의 고지를 유예하고(법 제15조 제1항), '고지 후 납부기한 도래 전 징수유예'하는 경우 징수유예기간이 지날 때까지 유예한 국세에 대해 납부지연가산세를 징수하지 못하며(법 제19조 제1항), '고지된 국세의 납부기한이 지난 후 체납액을 징수유예'한 경우에도 징수유예기간은 납부지연가산세 등을 징수하지 않는다(법 제19조 제2항). 또한 납세자는 징수유예기간 중에도 해당 국세의 납세증명서를 발급받을 수 있다. 다만, 징수유예는 그 유예에 관계되는 금액에 상당하는 납세담보의 제공을 요구하도록 하고 있으므로 담보 제공이 곤란한 납세자 입장에서는 활용하기가 쉽지 않다는 한계가 있다.

마지막으로 '체납처분 유예'는 독촉납부기한이 경과한 체납국세에 대하여 압류된 부동산 등에 대한 매각을 보류하는 등 강제징수를 완화시키는 제도이다. 일시적으로 국세 등을 체납하고 있다고 하더라도, 체납자가 성실납세자 인정기준에 해당하거나, 체납처분을 유예하면 사업이 정상화되어 체납국세 등의 징수도 가능해질 수 있다고 인정되는 때에는 강제징수를 유예함으로써 기업이 소생할 수 있도록 조세징수를 완화해주는 것이다.

이러한 국세청의 세정지원이 납세자의 입장에서는 직접적으로 세금을 감면하여 주는 것이 아니기 때문에 현실적으로 충분하지 못하다고 느낄 수 있다. 하지만 일정 기간 동안 자금 부담을 완화시켜 줌으로써 기업이 회복할 시간적 여유를 부여한다는 의미에서 적잖은 도움이 될 수 있으니 납세자 각자 자신이 이러한 지원 대상인지, 그 요건을 충족하는지 여부 등을 꼼꼼히 챙겨 지원을 받음으로써 조금이나마 피해를 최소화하는 데 도움이 되기를 기대한다.

양도계약의 해제, 납부한 세금 돌려받을 수 있나?

김용택 변호사

　부동산매매와 같은 유상거래에서는 양도인(개인)에게 양도소득세, 양수인에게 취득세가 각 부과된다. 증여와 같은 무상거래라면 원칙적으로 양수인(개인)에게 증여세와 취득세가 부과된다. 이와 같이 매매계약이나 증여계약을 체결하여 부동산을 양도하고 관련 세금을 모두 납부하였는데, 그 후 계약이 해제되어 원소유자인 양도인에게 소유권이 회복되면 당사자들은 납부한 세금을 돌려받을 수 있을까?

　부동산 양도를 위한 계약에 무효 또는 취소사유가 있어 애초부터 효력이 없는 것이라면 납부할 의무가 없는 세금을 납부한 셈이므로 이미 납부한 세금을 돌려받을 수 있다는 점에 별다른 이견이 없으나, 해제의 경우는 당초 유효했던 계약이 사후적으로 효력을 상실하게 되는 것이어서 세금의 환급 여부에 관해 논란이 있다. 이에 관해서는 세목별로 그 취급이 다르다.

우선, 양도소득세의 경우, 판례는 양도계약이 해제되면 일방의 채무불이행에 따른 해제권 행사(법정해제)의 경우든 쌍방 합의에 의한 해제(합의해제)의 경우든 양도소득세를 부과할 수 없다는 입장을 취하고 있다. 이는 매매대금의 감액과 같은 일부 해제의 경우도 마찬가지다. 국세기본법은 법정해제 또는 계약성립 후 발생한 부득이한 사유로 인한 해제의 경우 '후발적 경정청구'를 할 수 있도록 허용하고 있으므로, 이미 납부한 양도소득세가 있다면 경정청구를 통해 환급받을 수 있다. 예컨대, 분양권 매매대금에 관하여 분쟁이 발생하여 그 분쟁을 해결하기 위해 분양권 매매대금을 감액한 경우 감액된 대금을 기준으로 양도소득세를 산출해야 하고, 당초 약정된 대금을 기준으로 양도소득세를 납부했다면 경정청구를 통해 차액을 돌려받을 수 있다. 과세실무 또한 양도계약이 해제된 경우 특별한 시기 등의 제한 없이 기존 양도거래에 대한 양도소득세의 환급을 폭넓게 인정하고 있다. 해제로 양도인에게 반환되는 부분 역시 별도의 양도거래가 아니므로 양도소득세가 부과되지 않는다.

　　다음으로 증여세의 경우는 양도소득세와 달리 법정해제인지, 합의해제인지에 따라 달리 취급된다. 먼저 법정해제의 경우에는 법리상 그 시기에 관계없이 경정청구를 통해 환급이 가능하나, 증여가 무상거래라는 점을 감안할 때 일방의 채무불이행을 전제로 법정해제를 한 사례를 상정하기 어려우므로 실제 증여세 환급 문제가 발생할 여지는 없어 보인다. 결국 증여받은 재산을 반환하는 것은 합의해제에 따른 경우가 대부분인데, 관련 법규정에는 증여세 부과처분이 있기 전에 당사자 간의 합의에 따라 신고기한(증여일이 속하는 달의 말일부터 3개월)까지 증여자에게 반환하면 처음부터 증여가 없었던 것으로 보아 증여세를 부과하지 않도록 규정하고 있다. 이는 당사자간 합의해제의 경우 비과세시점을 신고기한까지로 제한한 것이다. 만일 과세관청이 이미 증여세를 부과한 후이거나 증여세 신고기한이 지난 후에 합의해제로 반환할 경우에는 이미 발생한 증여세는 환급되지 않는다. 합의해제로 양도인에게 반환되는 시점이 신고기한(증여일이 속하는 달의 말일부터 3개월)으로부터 3개월이 넘은 경우에는 이미 발생한 증여세를 환급받지 못하는 것에 더 나아가 양도인에게 재차증여한 것으로 보아 별도로 증여세가 부과된다.

한편, 취득세의 경우, 지방세법은 유상취득인지 무상취득인지를 불문하고 해제의 원인에 관계없이 소유권이전등기를 하지 않은 상태에서 취득일(잔금지급일)로부터 60일 이내에 해제사실이 화해조서나 계약해제신고서 등 법정 서류에 의해 증명되는 경우에 한해 취득세를 부과하지 않도록 규정하고 있다. 위 규정에 따르면 이미 소유권이전등기가 이루어졌거나 잔금지급일로부터 60일이 지난 후 해제로 반환되는 경우에는 법정해제든 합의해제든 당초 양수인의 취득에 대한 취득세 부과에는 영향을 미치지 않는다는 것이고, 과세실무도 대체로 마찬가지로 해석하고 있었다. 그런데 2010년 제정된 지방세기본법은 국세기본법과 마찬가지로 법정해제 등을 후발적 경정청구사유로 규정하였고, 이에 따라 대법원은 법정해제의 경우 위 60일 등의 요건을 갖추지 않았더라도 경정청구를 통한 환급이 가능하다고 해석하여 합의해제와는 달리 취급하여야 한다는 견해를 밝히고 있다.

요컨대, 부동산이 양도계약의 해제로 반환될 경우, 현재 과세실무상 양도소득세는 비과세나 환급이 폭넓게 인정되는 반면, 증여세와 취득세는 원칙적으로 일정한 조건하에서 일정한 기간 내에 반환하는 경우에 한해 특별규정에 따라 비과세나 환급이 인정되며, 다만 특별규정의 요건을 충족하지 못한 경우에도 취득세에 대해서는 법정해제의 경우 후발적 경정청구에 의한 환급이 허용되고 있는 상황이다.

이처럼 계약 해제로 반환되는 경우 세목별로 다른 취급을 하고 있어 납세자의 입장에서는 매우 혼란스럽다. 세목별 특수성을 고려하여 해제로 소유권이 회복되는 경우에 관해 세금의 환급 여부를 달리 취급하는 것으로 보이나, 국세와 지방세 모두에 대해 세목별 구분 없이 사후적인 해제에 관해 후발적 경정청구에 의한 환급을 인정하는 규정을 두고 있는 이상, 세목의 구분 없이 경정청구 규정에 따라 세금의 환급여부를 판정하는 통일적 해석, 적용이 필요해 보인다. 그렇게 해석하면 증여세와 취득세처럼 세목별로 비과세나 환급에 관한 특별규정이 존재하는 경우는 경정청구에 관한 규정과 별개로 납세자에게 손쉽게 환급을 받을 수 있는 별도의 혜택을 부여한 것으로 이해하면 될 것이다. 과세실무 변화를 통해 해결이 어렵다면, 납세자의 권익 보호측면에서 입법적 해결도 기대해 본다.

세법상 시가 산정 규정을 품은 공정거래법의 변신

전완규 변호사

구속이나 속박을 싫어하는 것은 사람의 본능이다. 그래서 그런지 사람이 만든 기업 역시 어떻게 해서든 규제를 피하고 싶어한다. 그렇다면, 우리나라에서 규제하면 떠오르는 대표적인 법이 무엇일까? 사람이나 기업이 처한 그때그때 상황마다 다르겠지만, 독점규제 및 공정거래에 관한 법률(통상 공정거래법이라고 줄여 부른다), 세법은 빠지지 않을 것 같다.

공정거래법, 세법은 법의 목적, 내용, 집행기관 등 거의 모든 점에서 다르다. 이처럼 서로 전혀 다른 공정거래법, 세법이 최근 한 가지 이슈를 놓고 같은 방향에서 접근하고 있다. 그 이슈는 바로 '특수관계인들 간의 거래에 대하여 공정거래법상 가격을, 세법상 가격을 어떻게 평가할 것인가?'의 문제이다.

공정거래법은 특수관계인에게 부당한 이익을 제공하는 것을 금지하고 있다. 이는 거래 당사자인 두 법인이 사람으로 따지면 가족 관계에 있는 사정을 이용하여 주고 받는 대가를 시장에서 형성되는 시가(공정거래법에서는 정상가격이라는 용어를 사용하고 있다)보다 임의로 올리거나 낮추어 거래하는 방법으로 이익을 제공하지 못하도록 하는 것을 의미한다. 이러한 거래는 자유시장 경제의 본질에 반하는 것이니 그에 대한 규제는 우리가 시장경제 체제를 유지하는 이상 불가피하다. 세법 또한 특수관계인과 거래하면서 시장에서 형성되는 가격(세법에서는 국내 특수관계인과의 거래에 대하여는 시가, 국외 특수관계인과의 거래에 대하여는 정상가격이라는 용어를 사용하고 있다)보다 임의로 올리거나 낮추는 경우 그 차액에 해당하는 금액에 대하여 과세표준 및 세액 조정을 통해 세금을 부과하고 있다. 이 역시 내야 할 적정한 세금보다 더 적은 세금을 낸 것이니 세금 부과는 당연하다.

이처럼, 공정거래법, 세법 모두 특수관계인 간의 부당한 거래에 대하여 일정한 규제를 가하고 있다. 다만, 공정거래법, 세법은 특수관계인 간의 거래 중 어떤 거래를 부당한 거래로 볼 것인지에 대하여 언제나 동일한 기준을 적용하지는 않았다. 예를 들면, 공정거래법상 특수관계인 간의 부당한 거래가 문제된 사안에서 법원이나, 공정거래위원회는 세법이 규정한 시가 산정기준을 적용하여 분쟁을 해결한 적이 있으나, 그렇다고 언제나 세법 기준을 적용한 것은 아니다.

이와 같이 공정거래법과 세법상 시가 산정기준이 불명확하여 두 가지 법을 동시에 적용받는 기업 입장에서는 온전히 법적 위험에서 벗어나기가 쉽지 않았는데, 공정거래위원회는 2020년에 특수관계인에 대한 부당한 이익제공행위 심사지침을 제정하면서 정상가격 산출방법으로 세법 관련 규정(예를 들면, 국제조세조정에 관한 법률 제5조 정상가격의 산출방법, 상속세 및 증여세법 제4장 재산의 평가 등)을 명시하였다.

이러한 공정거래위원회의 심사지침이 제정되기 이전에는 공정거래법 이슈에 대응하여 정상가격을 산출할 때에는 공정거래법이 허용하는 산출방법으로 정상가격을 산출하고, 세법 이슈에 대응하여 시가 또는 정상가격을 산출할 때에는 세법이 규정하는 산출방법으로 시가 또는 정상가격을 산출하여야만 두 분야의 위험을 모두 제거할 수 있었는데, 앞으로는 세법이 규정하고 있는 방법으로 시가 또는 정상가격을 산출하더라도 공정거래법, 세법 두 이슈를 동시에 대응하는 것이 가능하게 되었다. 이는 기업 입장에서는 규제로 인한 법적 불확실성 제거, 비용 감소를 의미한다.

고객에게 공정거래법, 세법 자문을 제공하는 변호사의 입장에서도, 고객이 종전에 납득할 수 없었던 의문, 예를 들면, 공정거래법에 따라 정상가격을 산출하였는데, 왜 세법에서는 공정거래법에 따라 산출한 가격을 시가 또는 정상가격으로 인정하지 않는가?, 세법에 따라 시가 또는 정상가격을 산출하였는데, 왜 공정거래법에서는 세법에 따라 산출한 가격을 정상가격으로 인정하지 않는가?라는 질문을 이제는 쉽게 설명할 수 있게 되었고, 서로 간에 불필요한 오해나 시간 낭비도 생기지 않게 되었다.

어찌되었든, 특수관계인 간의 거래처럼 하나의 거래를 두고 공정거래법, 세법 등 다수의 법이 함께 문제되는 경우에는, 개별 법의 본질을 해하지 않는 범위 내에서, 가급적 동일한 기준이나 방법을 적용하는 것이 불필요한 사회적 자원 낭비를 방지하여 사회 구성원들의 이익을 극대화할 수 있는 최선의 길이다. 이런 점에서 세법상 시가 또는 정상가격 산출방법이 공정거래법에 자리 잡은 것은 환영받을 일이다.

'백화점식' 부동산 가격평가제도

김용택 변호사

상증세법은 부동산 가격을 시가로 평가하여 과세하는 것을 원칙으로 하면서 일정한 기간 내에 존재하는 매매가액, 감정가액, 경매가액 등을 시가에 포함시키는 한편, 해당 재산과 면적, 위치, 용도 등이 유사한 다른 재산에 대해 매매가액 등이 있는 경우에는 그 유사사례가액도 시가로 인정한다.

다만, 이와 같이 열거한 시가가 존재하지 않아 시가를 산정하기 어려운 경우에는 보충적 평가방법으로 공시가격, 즉 토지는 개별공시지가, 주택은 공동·개별주택가격, 건물은 기준시가 등을 기준으로 과세하도록 규정하고 있다. 그런데 공시가격은 매년 시세에 근접하게 현실화되고 있지만 아직까지는 일반적으로 시세보다 낮게 평가되고 있는 것이 현실이다.

이처럼 세법은 시가로 볼 수 있는 가액을 여러 종류로 규정하면서 이를 중첩적으로 적용할 수 있도록 하는 한편, 시가로 볼 수 있는 자료가 없을 경우 시세보다 상당히 낮은 공시가격을 적용하도록 하고 있어, 실질적으로 가치가 비슷한 부동산임에도 매매나 감정사례 등 우연한 사정이 있는지 여부에 따라 불공평한 결과가 초래될 수 있다는 것이 현재 부동산 가격평가제도의 가장 큰 문제점으로 지적되고 있다.

공시가격이 10억 원 정도로 비슷하고 시세도 비슷한 A, B 두 개의 연립주택 단지가 있는데, A 단지에서는 최근 단지 내 다른 세대가 13억 원에 매매된 사례가 있고, B 단지에는 매매사례가 없다고 가정해 보자. 이러한 상황에서 두 단지에 주택을 소유한 부모가 각각 주택을 자녀에게 증여할 때, 각 주택의 평가액이 달라져 수증자들이 납부할 증여세 역시 달리 산정될 수 있다.

즉, A 단지 주택은 최근 매매사례가액인 13억 원을 기준으로 증여세가 과세되고, B단지 주택은 시가로 인정될 수 있는 다른 가액이 없으면 공시된 주택가격인 10억 원을 기준으로 증여세가 과세된다. 이 경우 직계비속(자녀)에게 증여할 때 5천만 원이 공제되는 것 외에 다른 증여재산공제가 적용되지 않는 상황이라면, A 단지 주택은 증여세가 3억 4,000만 원인 반면, B단지 주택은 증여세가 2억 2,500만 원 정도다. 이처럼 실질적으로는 비슷한 가치의 주택들을 증여하는 경우에도 다른 매매사례가 있었는지 여부에 따라 세액에 상당한 차이가 난다.

또한, 부동산의 형태에 따라 아파트의 경우 단지 규모가 클수록 매매사례가 많고 비교도 용이하여 유사사례가액을 시가로 보아 과세할 가능성이 높은 반면, 단독주택이나 비주거용 건물(이른바 '꼬마빌딩'), 토지의 경우 개별성이 강하여 유사사례가액을 찾기 어려워 결국 공시가격으로 과세될 가능성이 크다. 결국 시세가 동일하게 10억 원 정도인 단독주택과 아파트를 증여하더라도, 매매사례가액을 적용받기 쉬운 아파트가 시세보다 낮은 공시가격을 적용할 가능성이 높은 단독주택보다 훨씬 더 많은 세금을 부담할 수도 있다.

특히, 꼬마빌딩의 경우 매매사례가 거의 없어 시세보다 낮은 공시가격을 기준으로 과세가 된다는 점을 활용하여 꼬마빌딩을 이용한 증여가 늘어나자, 국세청은 이러한 문제점을 개선하기 위해 2020년에 '꼬마빌딩' 감정평가사업에 관한 계획을 발표한 바 있다. 비주거용 부동산 등을 증여하고 공시가격으로 증여세를 신고한 경우로서 증여가액과 시세의 차이가 큰 일정한 경우, 감정평가를 실시하여 증여세 추징 여부를 결정하겠다는 것이다. 그러나 일부 건물에 대해 선별적으로 감정평가를 하여 과세할 경우 감정대상이 되지 않은 납세자와의 형평성 문제를 야기하며, 매매가액 등이 있는 경우와의 형평성 문제도 여전히 해소되지 않는다. 현재로서는 과연 어떤 경우에 감정대상이 될 것인지 분명치 않아 납세자의 예측가능성 측면에서도 문제가 있다.

더욱이, 동일한 부동산의 경우에도 임차권이나 담보권의 설정여부에 따라 평가방법이 달라지는 문제까지 있다. 임대된 부동산에 관해서는 시가로 볼 수 있는 가액이 없을 경우 임대료 등을 기준으로 한 환산가액과 공시가격 중 큰 금액으로 평가하고, 저당권 등 담보권이 설정된 경우에는 매매사례가액 등 시가로 볼 수 있는 가액이 있더라도 담보된 채권액이 클 경우 그 채권액으로 평가한다.

　이와 같이 상증세법은 부동산 가격의 평가방법에 관하여 가히 '백화점식' 평가방법이라 부를 정도로 다양한 방법을 마련해 놓고 있다. 이러한 방법의 다양성은 필연적으로 유사한 사례에서 서로 다른 취급을 하게 되는 결과를 초래하게 되는데, 과연 이러한 차별취급이 정당한 것인지 의문이다. 세액을 산정하는 데는 세율 못지 않게 과세표준의 크기를 결정하는 재산평가도 중요한 요소라는 점을 간과해서는 안 된다. 세율에 관해서는 사소한 차이도 위헌으로 판정될 가능성이 큰 것처럼, 재산평가에 관해서도 형평성 문제를 해소하고 납세자의 예측가능성을 제고하기 위한 노력이 필요하다. 이를 위해서는 현재와 같은 '백화점식' 평가방법보다는 평가방법을 일원화하고 이를 통일적으로 적용하도록 제도를 개선할 필요가 있다.

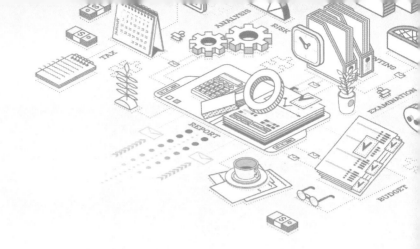

로펌변호사가
들려주는
세금이야기

II

소득과 소비 그리고 재산에
관한 세금 이야기

월드스타의 세금은 누가 걷어갈까

오태환 변호사

이제 우리 주변에는 외국에 나가 현지에서 직업을 구하여 소득을 얻는 대한민국 국민이나 국내에서 사업 등을 통해 상당한 수입을 올리는 외국인들을 쉽게 찾아 볼 수 있다. 스포츠 분야의 예를 들어보면, 미국 MLB의 류현진, 영국 프리미어리그의 손흥민이 전자이고, 2019년 한국시리즈 우승팀 두산베어스의 다승 투수 린드블럼이 후자이다. 이 사람들은 자신이 얻은 소득에 대하여 어느 나라에서 세금을 내고 있을까?

우리나라 소득세법은 소득세의 납세의무자를 판정하기 위해 국적과는 별개로 거주자와 비거주자라는 개념을 두고 있는데, 거주자는 '국내에 주소를 두거나 183일 이상의 거소를 둔 개인'이고, 비거주자는 '거주자가 아닌 개인'이라고 정의한다(소득세법 제1조의2 1, 2호). 그런데 현실의 사례에서 위와 같은 단일한 기준으로 소득세 납세의무자인지를 판정하는 게 쉽지만은 않다. 소득세법 시행령은 이를 보다 구체화하여 '주소란 국내에서 생계를 같이 하는 가족 및 국내에 소재하는 자산의 유무 등 생활관계의 객관적 사실에 따라 판정한다'고 하면서, '계속해서 183일 이상 국내에 거주할 것을 통상 필요로 하는 직업을 가진 때'와 '국내에 생계를 같이하는 가족이 있고, 그 직업 및 자산 상태에 비추어 계속하여 183일 이상 국내에 거주할 것으로 인정되는 때'에는 국내에 주소를 둔 것으로 보고 있다(소득세법 시행령 제2조). 일반적으로 국내와 외국에서 번갈아 가며 생활하는 경우에는 어느 나라에서 더 많이 체류하였는지에 따라 납세의무지가 결정되고, 외국에서 대부분을 생활하면서 사업을 영위하더라도 국내에 주택을 보유하고 가족들이 거주하는 경우에는 그 소득에 대하여 국내에서 납세의무가 있다는 것이다.

그런데 이러한 소득세법에 의한 납세의무자의 확정은 순수하게 우리나라의 시각에서 보는 것이고, 외국에서는 또 그 나라의 시각에서 납세의무자인지를 판정하기 때문에 복잡한 문제가 발생한다. 서로 거주자 판정기준이 다르다 보니 관련된 나라에서 모두 납세의무자가 되는 사례가 발생하기도 하는 것이다.

A는 중동의 B국으로 출국하여 회사를 설립하여 소득을 올리고 있었으나, 국내에서도 아파트를 소유하면서 주민등록까지 유지하였고, 그 아파트에는 부인과 딸, 처남 등이 함께 거주하고 있었다. A는 6년간 25회에 걸쳐 국내에 입국하였는데, 입국하면 위 아파트에서 가족들과 함께 시간을 보냈고, 국내에 임야 등도 소유하고 있었다.

물론 B국에서 번 소득은 대부분 국내 가족들에게 송금하고 있었다. 앞서 본 우리나라 소득세법에 의하면 A는 국내에 생계를 같이하는 가족이 있고, 그 직업 및 자산 상태에 비추어 계속하여 1년 이상 국내에 거주할 것으로 인정되는 때에 해당하여 국내거주자에 포함될 여지가 있게 되었다. 문제는 A가 주된 사업을 영위하는 B국의 소득세법에 의할 때 그 나라의 거주자로서 납세의무자에 해당하였다는 점이다. 즉, A는 우리나라와 B국 모두에서 소득세의 납세의무를 부담하게 된 것이다. 위 사례에서 최근 법원은 '납세의무자가 국내거주자인 동시에 외국거주자에도 해당한다면 그 외국과 체결한 조세조약이 정하는 바에 따라 어느 국가의 거주자로 간주될 것인지를 결정하여야 한다'고 하면서 'A는 우리나라가 B국과 체결한 조세조약에 의할 때 B국의 거주자로 보아야 한다'는 이유로 A가 국내거주자임을 전제로 부과한 종합소득세부과처분을 취소하였다(서울고등법원 2019. 8. 30. 선고 2019누30647 판결).

조세는 국가 재원의 핵심이므로 소득이 발견되는 경우 관련된 나라는 어떻게든 자국이 과세권을 행사하고 싶어한다. 허나 욕심만 앞세워서는 안 될 일이다. 국제적으로 적용되는 보편적인 룰과 규칙을 따라야 하는 것이다. 보다 중요한 것은 국내·외, 내·외국인을 막론하고 납세 의무에 있어 법적 안정성과 예측가능성을 갖게 하여야 한다는 점이다. 어느 날 갑자기 어느 국가에서 세금을 납부하라는 전화가 걸려올지 몰라 전전긍긍한다면 글로벌 경제체제하에서 안정적으로 국내·외에서 다양한 직업을 가지고 경제활동을 수행하기가 불가능하기 때문이다. 물론 개인이 소득세법의 복잡한 규정에 통달하고 조세조약까지 섭렵한다는 것은 어려울 것이므로, 혹 조금이라도 의문이 있다면 미리 전문가의 조언을 구하는 것이 뒤늦은 후회를 피하는 길이 될 것이다.

개인사업자가 사업용 재산을 함부로 인출해 쓰다가는 세금 폭탄을 맞을 수 있다

정종화 변호사

　개인사업자의 경우 사업용 재산과 가사용 재산이 명확하게 구분되지 아니하므로 법인사업자와 달리 사업용 재산에서 자유롭게 자금을 인출하여 다른 용도에 사용할 수 있다. 그런데, 사업 명목으로 자금을 과다하게 차입한 후 실제로는 그 차입금을 사업용이 아닌 가사용 기타 사업과 무관한 비용으로 사용하였음에도 불구하고 그러한 차입금에 대한 지급이자를 사업 관련 필요경비로 인정받는 것이 부당하다는 점은 쉽게 수긍할 수 있다. 이러한 점을 감안하여 소득세법 등 관련 법령에는 개인사업자의 사업소득금액 계산 시 '가사 관련 경비'에 해당하는 비용을 필요경비에서 제외하는 규정을 두고 있다.

　그런데, 개인사업자의 경우 자산과 마찬가지로 비용도 사업용과 가사용이 명확하게 구분되지 않으므로, 어느 비용이 '가사 관련 경비'에 해당하는 지를 밝혀 내기는 매우 어렵다. 이러한 어려움 때문인지 소득세법 제33조 제1항 제5호는 '가사 관련 경비'의 필요경비 불산입을 규정하면서 그 구체적인 내용을 소득세법 시행령으로 위임하고 있고, 소득세법 시행령 제61조 제1항 제2호 및 소득세법 시행규칙 제27조 제1항은 초과인출금 지급이자를 '가사 관련 경비'로 보아 필요경비에 산입하지 않도록 규정하고 있다.

듣기만 해도 생소한 '초과인출금'은 과연 무엇인가? '초과인출금'이란 문언만 보면 마치 사업자가 정해진 기준을 초과하여 자금을 인출한 듯한 인상을 풍긴다. 그러나 초과인출금의 세법상 의미는 '개인사업자의 부채 합계액이 사업용자산의 합계액을 초과하는 경우 그 초과하는 금액', 즉 부채 합계액에서 사업용자산 합계액을 뺀 금액(순부채액)을 말한다.

결국, 위 규정은 초과인출금이 사업용 재산을 가사용 등 사업과 무관하게 사용함으로 인해 발생한 것으로 보고, 차입금 중 초과인출금에 해당하는 지급이자를 '가사 관련 경비'로 의제하여 사업소득금액 계산 시 필요경비로 인정하지 않겠다는 취지이다.

그러나 초과인출금이 발생하는 원인은 단순히 사업자가 차입금을 가사 용도로 사용하는 것에 한정되지 않고, 사업경영상 결손에 따른 부채증가, '가사 관련 경비'는 아니지만 사업상 관련이 없는 경비로 인한 부채 증가, 부채는 변동이 없는 상태에서 사업용자산 평가액의 하락 등 다양한 경우가 있을 수 있으므로, 초과인출금에 해당하는 지급이자가 반드시 '가사 관련 경비'에 해당된다고 볼 수 없다. 이러한 점에서 초과인출금에 대한 지급이자를 '가사 관련 경비'로 의제하는 위 규정은 내용측면에서 타당성이 부족해 보인다.

또한, 위와 같이 초과인출금 지급이자 필요경비 불산입 제도를 규정한 방식에도 문제가 있다. 조세법률주의 원칙상 과세소득금액에 영향을 주는 초과인출금 지급이자를 필요경비에 불산입하기 위해서는 이에 관한 법률상의 근거가 있어야 하고, 법률이 그 내용을 하위법령에 위임함에 있어서는 법률에서 위임의 대상을 구체적으로 규정함으로써 누구라도 법률을 통해 하위법령에 규정될 내용의 대강을 예측할 수 있어야 한다.

그런데, 납세자로서는 소득세법 제33조 제1항 제5호의 '가사 관련 경비' 문언만으로는 초과인출금 지급이자가 필요경비 불산입 대상이라는 점을 예측할 수 없음에도, 소득세법 시행령 제61조 제1항 제2호 및 소득세법 시행규칙 제27조 제1항은 그 자체로 '가사 관련 경비'로 보기 어려운 초과인출금 지급이자를 임의로 '가사 관련 경비'로 의제하여 필요경비에 산입하지 않도록 규정한 것이므로, 이는 조세법의 대원칙인 조세법률주의에 위반됨과 동시에 국세기본법 제14조가 규정하는 실질과세원칙에도 반하는 측면이 있다.

최근 개인사업자의 초과인출금 관련 지급이자를 '가사 관련 경비'로 의제하여 사업소득금액 계산 시 해당 지급이자 전액을 필요경비에 불산입하는 내용의 과세처분에 대하여, 하급심에서는 위 소득세법 시행령 및 시행규칙이 조세법률주의에 따른 위임입법의 한계를 벗어난 것으로서 무효이고, 위 규정을 근거로 초과인출금 지급이자를 필요경비에 불산입한 과세처분을 위법하다고 판단하였다. 비록 하급심 판결이기는 하지만 이러한 판단은 지극히 타당하고, 향후 상급심에서도 그 결론이 달라질 가능성은 높지 않아 보인다.

개인사업자들로서는 개인사업자의 사업소득금액 계산 시 '가사 관련 비용'을 필요경비에 포함시키지 않도록 주의할 필요가 있고, 초과인출금 지급이자 필요경비 불산입 제도에 관한 대법원의 최종 판단도 관심 있게 지켜볼 필요가 있다.

행복에 매기는 세금(1)

임승순 변호사

국가나 지방자치단체가 존립하고 그 역할을 수행하려면 재정수요가 뒷받침되어야 하므로 누군가에게서는 반드시 세금을 걷어야 한다. 그렇다면 세금은 언제 어느 곳에 매겨야 하는가? 세금을 부담할 수 있는 능력 곧 담세력은 어느 곳에 존재하는가?

큰 틀에서 말하면 담세력은 우리가 살면서 갖게 되는 모든 재화나 용역의 '가치'에 존재한다. 재화나 용역의 가치가 담세력을 지니는 것은 그것이 우리에게 효용과 만족, 다시 말하면 행복을 가져다주기 때문이다. 그런데 행복은 주관적인 것으로서 똑같은 재화를 소유하거나 소비하더라도 그에 대하여 느끼는 행복지수는 사람마다 다르므로 행복의 크기에 따라 세금을 매길 수는 없다. 따라서 세금은 납세자가 느끼는 주관적 행복이 아니라 재화나 용역의 크기라는 객관적 수치에 따라 매길 수밖에 없고 그와 같은 재화나 용역의 크기는 결국 돈으로 환산될 수밖에 없다. 즉, 누가 얼마를 벌고 얼마를 쓰며 얼마의 재산을 보유하는가 하는 세 단계가 과세의 계기가 된다. 이처럼 소득, 소비, 재산이라는 객관적 잣대로 담세력을 재어 세금을 거두어야 공평하다는 것이 오늘날의 일반적인 관념이다.

요즘 종종 제기되는 사회적 이슈로 '세컨드 하우스'에 대한 세금 문제가 있다. 복잡한 현대사회에서 공기 좋은 교외에 세컨드 하우스를 보유하는 것이 삶의 중요한 생활패턴의 하나가 되었다. 도심에 거주하면서 교외에 거주할 공간을 마련하여 주말에 들러 쉬기도 하고, 직장 출퇴근이 자유로운 사람은 매주 며칠씩 오가며 생활하기도 한다. 전국이 일일생활권으로 바뀐 요즈음 그 소재지는 반드시 도심과 가까운 거리에 위치하지만도 않는다. 사용 용도나 빈도가 사람마다 다르나 대체로 호화로운 별장식 건물이 아니라 사람의 주거공간으로 기능할 수 있을 정도의 크기와 구조를 갖추고 있다.

문제는 세법이 이와 같은 세컨드 하우스에 대하여 지나치게 중과한다는 데 있다. 일단 현행 세법은 세컨드 하우스를 용도에 따라 구분하여 주거 용도로 사용하면 주택으로 취급하고 휴양 용도로 사용하면 별장으로 취급한다. 주택으로 취급되면 1세대 2주택이 되어 종합부동산세 등 보유세와 양도소득세가 중과되고, 1세대 1주택 양도소득세 비과세 혜택도 받지 못하는 등의 불이익을 받는 한편 별장으로 취급되면 이와 같은 불이익은 피할 수 있으나 극히 고율의 취득세와 재산세를 부담하게 된다(평균적으로 주택에 비하여 취득세는 3배, 재산세는 40배 가량을 부담한다).

조세의 기능에는 국가 재정수요를 조달하는 것 이외에 경제정책적 기능을 도모하는 것이 포함된다. 따라서 경제정책적으로 타당하다면 세컨드 하우스에 대한 중과세가 정당화될 수도 있다. 그러나 실상은 전혀 그렇지 않다.

우선 별장에 대하여 중과세하는 과세체계는, 옛날 주택과 별장을 구조와 면적 등을 기준으로 구분하여 과세하고 별장이 부유함의 상징이던 시절의 유물이다. 당시 별장에 대하여 그 가액에 따른 누진과세를 넘어 중과세한 취지는 극히 소수 부유층에 대한 과세라는 점 이외에 국토의 균형적 발전이라는 정책적 목적이 있었기 때문이다. 그러나 현재는 시골의 전원주택이든 아파트 단지이든 상관없이 용도에 따라 구분하고 그 시설이나 구조도 대부분 고급주택과는 거리가 멀므로 종전의 호화별장에 대하여 중과세하던 입법취지는 더이상 관련이 없게 되었다. 한편 다주택 보유에 대하여 중과세하는 취지는 통상적으로 주택에 대한 초과수요를 억제하기 위한 데에 있다고 설명된다. 그러나 주거 수요는 주택의 소유뿐 아니라 임차 등 다른 형태에 의해서도 충족될 수 있으므로 위와 같은 정책목적이 타당한 것인지 의문일뿐더러 세컨드 하우스는 대부분 주택의 초과수요와 무관한 지역에 위치하므로 실태를 살피지 않은 채 일률적으로 세제상 불이익을 가할 이유가 있다고 보기도 어렵다. 국가의 정책목적 수행에 관한 판단기준을 명확하게 정립, 제시하고 그 기준에 어긋나지 않는다면 일반적인 보유세와 양도세를 부담시키는 원칙적인 방안으로 대처하는 것이 바람직하다.

대한민국 헌법은 '모든 국민은 행복을 추구할 권리를 갖는다'고 선언하고 있다(헌법 제10조). 국가의 구성원인 개인이 제대로 재충전해야 생산성이 높아지고 개인의 생산성이 높아져야 국가 전체의 생산성도 높아지며 개개의 국민이 행복하여야 나라 전체도 행복하게 된다.

단순한 과세의 크기의 문제를 넘어 불합리한 세제는 국민의 조세회피 심리를 조장하고 편법에 대한 유혹을 제기하기 마련이다. 불합리하고 불공정한 과세체계와 그에 대한 국민의 불만을 방치한 채로 진정한 복지국가의 꿈을 이루기는 어렵다.

정책적 타당성이 없는 세컨드 하우스에 대한 지나친 중과세는 국민 개개인의 행복에 대하여 매기는 부당한 세금으로서 시정되어야 할 것이다.

●

행복에 매기는 세금(2)

임승순 변호사

　행복과 세금의 관계에 대해 이번에는 동종 자산의 교체를 살펴
본다. 얼핏 둘이 무슨 관계가 있을까 하는 의문이 들 수도 있다. 예
를 하나 들어 보겠다. A씨가 5년 전 1억 5000만 원에 취득한 골프
장회원권의 현재 시가는 3억 원이다. A씨는 같은 골프장을 오랫동안
이용하다 보니 싫증이 나서 비슷한 가격대의 다른 골프장으로 옮기
고 싶어한다. 그런데 갖고 있던 회원권을 처분하려니 양도소득세를
4000만 원 가까이 부담해야 한다. 물론 새 회원권 사들일 때 취득세
도 부과받게 된다. 결국 여유자금이 없을 때 회원권을 바꾸기 위해
선 3억 원이 아닌 2억 5000만 원 이하의 회원권을 취득하여야 한다
는 셈이 된다. 이를 원치 않는다면 싫증이 나더라도 어쨌든 갖고 있
던 회원권을 계속 이용하는 수밖에 없다.

　양도소득세 때문에 자산 처분이 미뤄지는 효과를 양도소득세의

동결효과(lock - in effect)라고 부른다. 자산의 동결효과는 필요한 자산이 필요한 사람에게 제때에 공급되지 못하게 해 사회경제적 손실을 초래한다. 만약 세금의 부담이 없거나 크지 않다면 A씨는 즐거운 마음으로 갖고 있던 회원권을 처분하고 새 회원권을 같은 가격대로 구입해 보다 행복한 취미생활을 즐길 수 있을 것이다. 국가나 지방자치단체도 회원권이란 자산이 시장에서 유통되면 취득세, 등록세 등 세금을 거두고 A씨가 취득하는 회원권을 원래 갖고 있던 사람 역시 회원권을 제때에 처분해 그 대금을 다른 투자나 소비수단에 활용할 수 있다. 누구나 만족하는 선순환이다. 이 같은 선순환의 논리는 주택 등 다른 부동산의 경우에도 동일하게 적용된다.

양도소득세는 자산의 보유기간 동안 실현되지 않았던 자본이득이 실현됐다고 보고 과세하는 세금이다. 기업회계와 세법에선 소득을 언제 과세하는 게 적절한가에 대해 통상 실현주의를 취하고 있다고 설명한다. 자산의 양도는 소득이 실현되었다고 보는 가장 전형적인 시점이다. 다만 자산의 보유기간 동안 가치증가이익을 의미하는 자본이득은 인플레이션으로 인한 것이기 때문에 진정한 소득이 아니라는 논의 또한 존재한다. 독일, 프랑스와 같이 개인의 일반재산 양도에 대하여 원칙적으로 비과세하거나, 네덜란드, 뉴질랜드 등과 같이 아예 양도소득세를 비과세하는 국가도 있다.

일반적으로 양도를 과세의 계기로 삼는 이유는 투자의 수익률과 위험도가 바뀌기 때문이라고 설명한다. 자산을 처분한 돈으로 다른 투자대상을 취득하면 투자의 수익률과 위험도가 바뀐다는 뜻이다. 어쨌든 변동하니 현재와 같이 과세할 수도 있겠지만 납세자 입장에서는 사실상 같은 종류의 자산을 계속 보유하여 실질적인 담세력은 미미한 반면 자산의 동결효과 등 그 반작용은 훨씬 더 크다고 볼 수 있다.

　동종자산을 교체할 때 원래 보유하던 자산의 가치가 상승해 그 자본이득에 대해 세금을 부담했는데 그 후 새로 취득한 자산의 가액이 그 이상으로 하락한 경우, 보유자산의 가치는 전체적으로 감소했는데 세금만 부담하는 결과가 초래될 수도 있다. 따라서 자산을 처분하고 일정한 기간 내에 동종자산을 취득하는 경우 과세를 유예하거나 감경하는 방안을 조세정책적 측면에서 강구해 볼 필요가 있다. 실제로 미국의 경우 종전 자산을 처분하고 일정한 기간 내에 동종자산을 취득하면 양도소득세를 유예해 주는 제도를 취하고 있다. 거주용 부동산은 일정한 거주요건 등을 충족하면 큰 폭으로 세금을 감면해주고, 임대용과 같은 투자목적 부동산의 경우 일정한 기간 안에 같은 가격 이상의 동종 부동산을 취득하면 과세를 유예해 준다. 이런 체계 덕분에 부동산 가격이 오르거나 떨어지더라도 거래절벽 현상이 발생하지 않고 자연스럽게 부동산으로 재투자가 이뤄진다.

　골프회원권에 싫증이 난 사람이 세금 걱정없이 골프장을 쉽게 옮길 수 있다면, 그리고 새집을 찾는 사람이 세금에 대한 중압감에서 벗어날 수 있다면, 개개인이 조금 더 행복할 수 있고 전체 국민의 총체적인 행복의 크기 또한 커질 것이다. 헌법은 국민의 행복추구권과 거주이전의 자유를 보장한다. 세금에 대한 두려움 없이 행복한 마음으로 새집을 찾아다닐 수 있게 하는 것, 국민에게 베푸는 단순한 시혜를 넘어 국가가 보장해야 할 기본적 권리가 아닐까.

비트코인 거래와 세금

이경진 변호사

2021년 테슬라의 CEO 일론머스크는 '비트코인을 빨리 사지 못한 것이 후회된다', '…(도지코인의 가격이) 조만간 달까지 갈 것"이라며 가상화폐에 대한 공개적인 지지를 선언했다. 이후 주요금융사들이 잇따라 비트코인을 결제 수단 또는 투자 대상 자산에 포함하였고, 4월에는 미국 최대 가상화폐 거래소인 코인베이스의 나스닥 상장 성공으로 투자자들의 관심도는 고공행진을 계속하고 있다. 비트코인으로 대표되는 가상자산이 자산으로 인정받으면서, 미국이나 유럽 등에서는 가상자산의 성격, 과세방법, 가액산정 방법 등에 있어 차이는 있으나 가상자산 소득에 대해 과세하는 입장을 취하고 있다. 우리나라도 최근 가상자산 소득에 대해 과세하도록 세법 개정이 이루어졌다.

그 시행이 유예되기는 하였으나, 정부는 당초 비트코인, 이더리

움과 같은 이른바 가상화폐에 대하여 2022년 1월 1일부터 250만 원이 넘는 소득이 발생할 경우 차익의 20%(지방세 포함 22%)를 세금으로 내도록 할 계획이었다. 즉 '소득이 있는 곳에 세금이 있다'는 조세 원칙 및 주식 거래 등에 붙는 세금과의 형평성을 맞추기 위하여 뒤늦게 가상자산에서 벌어들인 소득에 대하여도 세금을 부과하도록 한 것이다. 그 방식으로는 기타소득 과세를 채택하였는데, 이는 다른 소득과 합산하지 않고 가상자산 양도에 따른 가상자산소득에 대해서만 별도로 분리과세하는 방식이다. 예를 들어 거주자의 경우, 가상화폐를 팔아서 1000만 원의 양도차익이 발생하였다면, 기본공제 금액 250만 원을 뺀 750만 원에 20%의 세율을 적용한 150만 원을 납부하면 된다(지방세 제외). 반면 비거주자의 경우 양도대가의 10%, 양도차익의 20% 중 적은 금액에 대해 분리과세된다.

당초 이러한 가상자산 소득에 대한 기타소득 과세는 2022년 1월 1일부터 시행하기로 하였으나 두 차례에 걸쳐 가상자산 과세 및 금융투자소득세 도입이 3년 유예되어 2025년 1월 1일부터 시행될 예정이다. 가상자산에 대한 과세는 금융투자 소득에 대한 과세와 유사하기는 하나, 양자는 과세상 별개로 취급된다. 두 소득 모두 당해 연도 소득통산이 가능하다는 점에서는 동일하나, 과세표준에 따른 세율 적용 및 이월공제 가능 여부에서 차이점이 있다. 기타소득 과세는 소득이 250만 원을 초과하는 경우 20%로 과세되고 손실이 발생하여도 이월공제가 불가능하다. 반면 금융투자소득 과세는 5,000만 원을 초과하는 경우에 한하여 과세되고, 세율은 5000만 원부터 3

억까지는 20%, 3억 이상인 경우에는 25%이며, 손실이 발생하는 경우 5년간 이월공제가 가능하다. 그러나 가상자산 과세가 3년 유예되면서 가상자산에 대한 과세기준이 바뀔 가능성도 배제할 수 없다. 기본공제액에 대한 상향이 필요하다는 논의와 함께 양도 외에 가상자산의 채굴, 하드포크, 에어드랍(신주배정)이 과세대상인지 등도 명확하지 않기 때문이다. 특히 2022년 10월 경제협력개발기구(OECD)는 암호화폐 등을 포함한 암호화폐 조세가이드인 카프(CARF; Crypto-Asset Reporting Framework)를 발표하였다. 카프는 우선 가상자산에 대한 정의를 △스테이블 코인, △가상자산 파생상품과 대체불가능토큰(NFT), △미래에 나올 수 있는 유사기술까지 아우르는 범위로 명시했다. 전통적인 금융 중개자의 개입 없이 분산된 방식으로 보유 및 양도할 수 있는 모든 자산을 포함한다.

미국 국세청도 2022년도 과세연도 지침 초안에서 과세대상 중 기존 가상화폐(Virtual currency)를 디지털 자산으로 변경하였다. 새로운 지침은 "디지털 자산은 암호화된 방식으로 분산원장 또는 이와 유사한 기술을 사용해 기록된 모든 디지털 가치를 의미한다"고 규정하여 암호화폐, 스테이블코인, NFT를 모두 과세대상에 포함한다. 이러한 각국의 흐름에 따라 우리나라의 경우에도 현재 규정된 가상자산의 개념 및 규제가 어떻게 변경될 것인지 주목하여야 할 것이다.

정부는 세법 개정 외에도 2020년 특정 금융거래정보의 보고 및 이용 등에 관한 법률(이하 '특정금융정보법')을 개정하였다. 특정금융정보법에서는 가상자산 관련 사업을 영위하려는 가상자산사업자는 금융정보분석원장에게 일정한 사항을 신고하여야 하며, 금융정보분석원장은 가상자산사업자로 하여금 고객별 거래내역을 분리하여 관리하도록 하는 등 이행하여야 할 조치에 관하여 규정하고 있다. 이를 통하여 가상자산 거래에 따른 위험성을 감소시키고 가상자산 시장 규제를 강화하고자 하는 것이다.

현재 가상자산시장은 나날이 진화하고 있어 향후 우리나라를 포함한 세계 각국은 다양한 거래에 따른 예기치 않은 여러 문제를 마주할 수 있을 것이다. 예를 들어 시장 내 가격이 급격하게 변동하고 다양한 가격 원천이 있을 수 있어 납세자가 그 평가 가격을 확인해야 하는 실무적인 문제가 발생할 수 있다. 또한 정부가 아닌 납세자 및 가상자산사업자에게 거래에 대한 신고·보고 의무를 부여함으로써 납세자 등에 대한 책임이 무겁다는 비판도 있을 수 있다. 결국 급변하는 가상자산 시장에서 가상자산에 투자하고자 하는 납세자로서는, 법률전문가의 도움을 받아 사전에 충분한 준비를 하여 예기치 못한 리스크를 줄이는 것이 무엇보다 중요하리라 생각된다.

•

부동산 양도대금을 전부 지급받지 못한 채
사망하면 상속세와 양도소득세는 어떻게…

김용택 변호사

　매매 등 일정한 법률행위가 있을 때 그로 인해 발생하는 세금 문제는 기본적으로 민사법에 따라 규율되는 법률관계를 기초로 부과된다. 그런데 경우에 따라서는 민사법에 따른 법률효과와는 달리 판단되어 과세 여부가 결정되는 경우가 종종 있다.

　최근의 사례로 종중이 3년 이상 고유목적사업에 사용하던 임야를 매도하여 대금의 약 80%를 받고 나머지 20% 가량은 매수인이 신탁계정에 넣고 일정기간 종중이 인출할 수 없도록 하였는데 그 사이에 종중이 비영리법인으로 승인받아 결국 위 임야가 비과세대상이 된 사안이 있었다.

　과세관청은 신탁계정에 입금된 금액까지 합하면 비과세대상이 되기 전에 대금이 모두 지급되었다면서 종중에게 양도소득세를 부과하였다. 그러나 최근 법원은 매도인인 종중의 입장에서는 신탁계정에 입금된 부분을 인출하여 지급받기 전까지는 대금을 다 받은 게 아니고 그 사이에 비과세대상이 된 이상 더 이상 양도소득세를 부과할 수 없다고 판단하였다. 대금이 청산되기 전까지는 세법상 양도가 없는 것으로 취급된다는 것이다.

이와 유사한 사례로 A가 B에게 부동산을 매도하였으나 대금을 다 받지 못한 상태에서 사망한 후 A의 아들인 C가 매수인 B로부터 대금을 받고 소유권이전등기를 해 준 경우, 양도소득세와 상속세 중 어느 것이 과세될까? 지극히 단순한 사안으로 볼 수 있으나, 여기에도 민사법과는 다른 세법상 양도에 관한 기본원리가 적용된다.

상속인 C는 민사법에 따라 부친 A의 매매계약상 권리의무를 포괄승계하였고, 그에 따라 매매계약을 이행하고 최종적으로 양도소득을 얻었으므로 매매계약상 매도인의 지위에서 A가 양도한 것과 동일하게 산정된 양도소득세를 내야 한다고 생각하기 쉽다.

상속세는 어떨까? 부친 A가 매도했더라도 최종적으로 소유권을 이전하기 전에 사망했으므로 상속인 C가 부동산을 먼저 상속받은 것으로 보고 상속세를 부담해야 하는 것은 아닌지 의문이 든다. C가 상속세를 부담한다면 양도소득세와의 관계는 또 어떻게 되는가?

세법은 양도소득세에 관하여, 대금을 청산하기 전에 소유권이전등기를 하는 경우 등 예외적인 경우를 제외하고는 대금을 청산한 날을 양도시기로 규정하고 있다. 매매계약을 체결하였더라도 대금을 모두 지급받지 않은 이상 양도소득세는 과세되지 않는 것이다.

판례는 매매계약이 체결되고 일부 대금까지 지급받았어도 세법이 규정한 과세요건(잔대금 청산 또는 소유권이전등기)이 완성되기 전에 매도인이 사망하고 상속이 개시되었다면 매도인(피상속인)을 기준으로 한 양도에 관한 과세요건을 충족하지 못해 양도소득세를 과세할 수 없다는 입장이다. 이는 민사법에서 상속의 포괄승계 법리에 따라 상속인이 피상속인의 매도인으로서의 지위를 그대로 승계하여 당초의 매매계약을 이행하게 되는 것과 구별된다.

　　한편, 우리 세법은 상속이나 증여 등 자산의 무상이전이 있는 경우, 새로운 취득이 일어나는 것으로 보고 그 전에 피상속인이 보유하던 기간 동안 발생한 자본이득에 대하여는 상속세나 증여세만을 과세하고, 유상양도를 전제로 한 양도소득세는 과세하지 않는다. 그 후 상속인이 상속받은 자산을 양도하면 양도대금에서 상속 당시의 시가 상당을 취득가액으로 공제한 양도차익에 대해서만 양도소득세를 과세한다.

　　결국, 위 사례에서 A가 B에게 부동산을 매도한 후 대금을 다 받기 전에 사망하여 상속이 발생하였으므로, A의 양도는 없는 것이 되어 A에 대한 양도소득세는 과세할 수 없고, 상속인 C에게는 부동산을 상속재산으로 하여 상속세를 과세하는 것이다. 그 후 상속이 개시된 때로부터 얼마 되지 않는 시점에 C가 승계한 매매계약에 따라 B로부터 대금을 받은 것에 대해서는 C에 의한 양도가 있는 것이 되어 별도로 양도소득세 과세여부를 판정하나, 그 경우 양도차익 산정의 기초가 되는 취득가액은 상속개시 당시 시가 상당액이므로 양도대금이 그 시가 상당액과 차이가 없다면 결국 C에 대한 양도소득세는 과세되지 않는다.

반대로, A가 사망 전에 양도대금을 모두 지급받았다면, 매수인에게 소유권이전등기를 해주지 않았더라도 이미 양도소득세 과세요건이 충족되었으므로, A에 대해 양도소득세가 과세되고, 이는 다시 상속에 따라 상속인 C에게 승계된다. 이와 함께 상속인 C는 이미 처분된 부동산 대신 A가 받은 양도대금(현금)을 상속재산으로 하여 상속세도 부담한다. 즉, 상속인 C는 A의 양도소득세와 자신의 상속세를 모두 부담하는 것이다. 다만, C가 부담하는 상속세액을 계산할 때 승계하는 A의 양도소득세를 상속세 과세가액에서 공제받을 수 있으나, 세액공제가 아니어서 양도소득세액에 상속세율을 곱한 금액만 공제될 뿐이다.

결과적으로 보통의 경우에는 자산을 양도한 후 상속이 발생하는 것이 상속받은 후 양도하는 경우와 비교하여 과세상 불리하다. 이는 납세자가 가급적 피상속인의 사망 시까지 자산의 처분(대금청산)을 미루는 요인으로 작용한다.

세금을 잘 이해하기 위해서는 민사법과는 다른 세법 독자적인 개념과 법리가 적용되는 경우가 많다는 점을 유념할 필요가 있다.

1세대 1주택 비과세의 새로운 모습

정종화 변호사

주택가격이 폭등하는 과정에서 정부는 계속적으로 부동산 대책을 발표하였고, 그 과정에서 가장 대표적인 양도소득세 비과세 혜택인 1세대 1주택 비과세 규정의 내용도 상당 부분 변경되었는바, 주택을 언제 취득하고, 어느 지역에 소재한 주택을 취득하였는지 등에 따라 1세대 1주택 양도소득세 비과세 요건들이 서로 달라 관련 규정을 제대로 이해하지 못하고 보유주택을 처분한다면 예기치 않은 불이익을 받을 가능성이 높아졌다.

원칙적으로, 1세대 1주택 비과세란 국민의 주거생활의 안정과 거주·이전의 자유를 보장하는 차원에서 1세대가 양도일 현재 국내에 1주택을 보유하고 있는 경우로서 해당 주택의 보유기간이 2년(비거주자가 주택을 보유·거주한 상태로 거주자로 전환된 경우 3년) 이상인 경우 양도소득세를 비과세하는 제도이다. 또한, 상속, 주택의 대체취득, 부모봉양이나 혼인 등을 위한 2주택과 같은 일시적 2주택에 대하여도 일정한 요건 하에 1세대 1주택으로 취급하여 비과세 혜택이 적용된다.

여기서 '1세대'란 거주자 및 그 배우자가 같은 주소에서 생계를 같이 하는 직계존비속 등과 함께 구성하는 가족단위를 말하고, '주택'이란 허가 여부나 공부상의 용도 구분과 무관하게 사실상 주거용으로 사용하는 건물을 의미한다.

2년의 보유기간은 현재로서는 '해당 주택 취득일부터 양도일'까지의 기간을 산정하는 것이나, 2019. 2. 12.자 소득세법 시행령 개정으로 인하여 2021년 이후부터는 '최종 1주택이 된 날부터 양도일'까지를 기준으로 2년의 보유기간을 산정하는 것으로 요건이 강화되었다. 즉, 2021. 1. 1. 이후 양도하는 주택부터는 다주택 상태에서의 보유기간은 2년의 보유기간에 산입하지 아니하고, 다른 주택을 모두 처분한 후 마지막으로 1주택만 남은 시점부터 2년의 보유기간을 산정하는 것이다. 다만, 위 개정 시행령은 부동산 투기수요에 대하여 1세대 1주택 비과세 혜택을 부여하는 것을 방지하기 위한 규정이므로, 투기와 무관하게 부득이하게 다주택을 보유한 경우로서 양도소득세 비과세 대상인 일시적 2주택 요건에 해당하는 경우에는 종전과 같이 '해당 주택 취득일부터 양도일'까지의 기간을 기준으로 보유기간을 산정한다.

또한, 기간 요건과 관련하여 종래에는 단순히 보유기간 요건만 존재하였으나, 2017. 8. 2. 부동산 대책에 따라 2017. 8. 3. 이후 주택법상 조정대상지역 내 주택을 취득한 자에 대하여는 2년 이상 보유와 함께 2년 이상 거주요건이 신설되었다. 다만, 무주택 세대가 조정대상지역 지정 이전에 주택 매수계약을 체결하고 계약금을 지급한 경우에는 조정대상지역 지정 후 나머지 매매대금을 지급하였다고 하더라도 2년 거주요건이 적용되지 아니한다. 반면, 조정대상지역으로 지정된 상태에서 주택을 취득하였다면 이후 양도 당시 조정대상지역에서 해제되었다고 하더라도 취득 당시 조정대상지역이었던 이상 2년 거주요건이 적용된다.

한편, 비과세 대상인 일시적 2주택의 가장 대표적인 예로 대체취득을 위한 일시적 2주택이 있다. 이는 국내에 1주택을 소유한 1세대가 그 주택을 양도하기 전에 다른 주택을 취득함으로써 일시적으로 2주택이 된 경우 이는 투기 목적과는 무관한 것이므로, 종전의 주택을 취득한 날부터 1년 이후에 신규주택을 취득하고 그 신규주택을 취득한 날로부터 3년 이내에 1세대 1주택 비과세요건(보유·거주기간 요건 포함)을 갖춘 종전주택을 양도하는 경우 이를 1세대 1주택으로 보아 종전주택에 대한 양도소득세를 비과세하는 것이다. 그런데 2018. 9. 13. 부동산 대책 이후에는 종전주택과 신규주택이 모두 조정대상지역 내에 있는 경우 일시적 2주택 허용기간이 3년에서 2년으로 단축되었고, 나아가 2019. 12. 16. 발표된 부동산 대책은 종전주택과 신규주택이 모두 조정대상지역 내에 있는 경우 일시적 2주택 허용기간을 1년으로 더욱 단축시킴과 동시에 신규주택에 대하여 취득일로부터 1년 내에 전입요건(기존 임차인이 있는 경우 2년 한도 내에서 기존 임대차 종료 시까지 전입 연장)까지 갖추도록 하였다.

이처럼 1세대 1주택 비과세 제도는 거듭된 부동산 대책 발표 과정에서 조세전문가들조차 정확히 숙지하기 어려울 정도로 그 요건이 복잡하게 되었다. 조세법령은 시대적 상황에 따라 정책의 영향을 많이 받을 수밖에 없고, 그러한 점에서 입법자에게 광범위한 입법형성권이 인정된다. 그럼에도 불구하고 법의 영역에서 사안에 대한 구체적 타당성 못지 않게 중요한 것이 법적 안정성과 예측가능성의 확보이다. 부동산 가격의 안정성 및 국민의 안정적인 주거권을 확보하기 위한 부동산 대책 및 관련 세제 개편의 필요성도 충분이 공감하는 바이지만, 충분한 논의와 공지, 적용 유예기간 등을 통한 완충장치 없는 갑작스런 세법 개정이나 기존에 이미 형성되어 있는 납세자들의 신뢰까지 훼손하는 소급적 세법 개정 등에 대하여는 그 우려 또한 적지 않은 것이 사실이다. 향후 정책적인 필요성뿐만 아니라 법적 안정성과 납세자의 예측가능성도 담보할 수 있는 지혜로운 부동산 세제 개편을 기대해 본다.

동학개미와 서학개미가 내는 세금

정종화 변호사

    코로나 19로 모든 것이 변했던 2020년, 주식시장에는 '동학개미'와 '서학개미'라는 새로운 용어가 등장했다. '동학개미'란 코로나 19로 폭락하는 주식시장 속에서 외국인 투자자들의 매도세에 맞서 국내주식을 대거 사들인 개인투자자들을 의미하고, '서학개미'란 '동학개미'에 대응하는 용어로 해외주식(특히 미국주식)에 투자하는 개인투자자들을 지칭하는 말이다. '동학개미'와 '서학개미'라는 신조어가 생겨날 정도로 2020년의 주식시장은 뜨거웠고, 이러한 추세는 계속 이어져 2021년까지도 주식시장을 향한 투자자들의 관심이 여전히 높다.

    그런데 동학개미나 서학개미 모두 수익을 얻기 위해 주식 등에 투자하는 것은 매 한가지인데, 적어도 세금 측면에서는 다른 취급을 받는다. 과연 국내·외 주식투자 시 투자자들은 어떤 세금을 부담하는가?

우선, 국내 상장주식(코스피, 코스닥)의 경우 증권거래세(코스피는 농어촌특별세 포함), 배당소득세, 양도소득세가 발생한다. 증권거래세는 주식의 양도 시 손익 여부와 무관하게 양도거래 자체에 대하여 부과하는 세금으로 2021년 현재 양도가액의 0.23%이며, 2023년 이후에는 금융투자소득 과세 제도의 도입에 맞추어 세율이 0.15%로 인하될 예정이다. 배당소득세는 보유 중인 주식으로부터 배당금이나 무상신주 등의 배당소득이 발생할 경우 부과되는 세금인데, 국내·외 주식 배당금, ETF 분배금, 펀드 분배금 및 환매차익, 예금이자 등을 포함하여 배당 및 이자 합계액 연간 2,000만 원 이하에 대해서는 배당소득세율 14% 및 지방소득세율 1.4% 합계 15.4%의 세율로 원천징수 분리과세된다. 배당·이자 합계가 연간 2,000만 원을 초과하는 경우에는 (가) 2,000만 원에 대해서 위 원천징수세율 15.4%를 적용하고 2,000만 원 초과 부분에 대해서는 다른 종합소득과 합산하여 누진세율(6~45%, 지방소득세 포함 시 6.6~49.5%)을 적용하여 계산된 종합소득세액과 (나) 전체 배당·이자 합계액에 위 원천징수 세율을 적용하고 나머지 종합소득에는 누진세율을 적용하여 계산한 종합소득세액을 비교하여 그 중 큰 금액이 소득세로 과세된다.

국내 상장주식의 장내거래 양도차익은 원칙적으로는 양도소득세 과세대상에서 제외되나, 특정 상장주식에 대하여 지분율 요건(코스피 1%, 코스닥 2%) 또는 연말 기준 시가총액 요건(코스피 및 코스닥 10억 원, 특수관계인 소유분 포함)을 충족하는 대주주 양도소득에 대하여는 보유기간, 양도차익 액수 등에 따라 20~30%(지방소득세 포함 시 22~33%)의 세율로 양도소득세가 과세된다. 2020년 가을 무렵 대주주 양도소득세 시가총액 요건을 10억 원에서 3억 원으로 인하하는 내용의 소득세법 시행령 규정과 관련하여 상당한 논란이 있었으나, 2023년 금융투자소득 도입 등을 고려하여 그 시행이 유예됨으로써 대주주 시가총액 요건이 기존의 10억 원으로 유지되었다. 향후 2023년부터는 금융투자소득 세목이 신설됨에 따라 대주주, 소액주주 구분 없이 주식거래 이익과 손실을 합산하여 5,000만 원을 초과하는 양도차익에 대하여는 20~25%의 양도소득세(지방소득세 포함 시 22~27.5%)가 과세될 예정이며, 이와 관련하여 최근 기획재정부는 주식 장기보유 투자자에 대하여는 세제혜택을 부여하는 방안도 검토 중인 것으로 알려졌다.

다음으로, '서학개미'로 대변되는 미국주식 투자자는 거래세(SEC Fee, Securities and Exchange Commission Fee), 배당소득세 및 양도소득세를 부담하게 된다.

미국주식의 경우 우리나라의 증권거래세와 같은 세금은 없으나, 일반적인 자산의 양도에 부과되는 거래세(SEC Fee)가 존재하는데, 2021년 1월 현재 세율은 양도금액의 0.00221%이고(최소부과액 0.01 달러), 2021. 2. 25. 이후 거래부터는 0.00051%로 인하될 예정인바, 특별히 거래 횟수가 많은 투자자가 아닌 한 무시해도 될 정도의 수준이다.

증권회사를 통해 취득한 해외주식에 대하여 증권회사가 국내에서 배당금 지급을 대리하는 경우, 먼저 해당 국가의 세법에서 규정한 배당소득세율과 조세조약상 제한세율 중 낮은 세율에 따라 원천징수가 이루어지고, 외국납부 배당소득세액이 국내 세법상의 배당소득세액보다 적은 경우에 한하여 그 차액에 대하여 국내 세법에 따른 배당소득세가 부과된다. 예컨대, 미국의 경우 통상의 배당소득세율이 15%로 국내 배당소득세율 14%보다 높으므로, 미국주식 배당금을 수령하는 국내 투자자는 원천징수 방식으로 미국에 15%의 배당소득세를 납부하는 것 외에 별도로 국내 세법에 따른 배당소득세를 부담하지 않는다. 반면, 중국의 경우 일반적인 배당소득세율이 10%로서 국내 배당소득세율 14%보다 낮으므로, 국내 투자자 소유의 중국주식 배당금에 대하여는 중국 배당소득세 10%가 원천징수된 후 국내 세법에 따라 배당소득세 4%(=국내 배당소득세율 14% − 중국 배당소득세율 10%) 및 지방소득세 0.4% 합계 4.4%의 세금이 추가로 과세된다. 국내외 주식을 포함하여 배당·이자 합계 연간 2,000만 원을 기준으로 15.4%의 원천징수 분리과세 또는 종합소득 과세가 이루어진다는 점은 국내주식과 동일하다. 다만, 증권회사를 통하지 않고 직접 해외주식을 취득하는 경우 해당 주식에서 얻는 배당소득은 국내 세법상 원천징수 대상이 아니므로, 액수와 상관 없이 종합소득 과세대상이 된다.

또한, 해외주식 거래를 통해 실현된 양도차익(실현 전 평가이익은 양도소득 과세대상이 아니다)에 관하여는 전체 이익과 손해를 통산하여 각 과세연도(매년 1월 1일부터 12월 31일까지) 별로 기본공제액 250만 원을 초과하는 부분에 대해 22%(=양도소득세 20% + 지방소득세 2%) 단일세율에 의한 양도소득세가 과세되고, 2021년부터는(2020년 귀속분) 해외주식 양도소득세 납부의무가 있는 납세자에게 과세대상인 국내주식 양도소득(대주주, 비상장주식, 장외거래 등)도 있는 경우 국내주식과 해외주식을 구분하지 않고 양도손익을 합산하여 양도소득세를 신고·납부하여야 하며, 기본공제 250만 원은 인별로 1회만 적용된다.

근로소득 연말정산과 관련하여서도 국내·외 주식 양도소득으로 인해 주의할 점이 있다. 납세자의 부양가족 중 주식거래를 통한 과세대상 양도소득금액이 100만 원(인별 기본공제액 250만 원 차감 이전의 과세대상 양도소득금액) 이상인 자는 인적공제 대상에서 제외되고, 부당공제 부분에 대하여 납세자는 추후 가산세까지 포함하여 소득세를 추징당하게 되므로, 연말정산 시 인적공제 대상인 부양가족의 과세대상 주식양도소득(대주주, 비상장주식, 장외거래 및 해외주식 양도소득 등 포함. 소액주주의 국내 상장주식 양도소득 제외)이 100만 원 이상인지 여부를 잘 확인할 필요가 있다.

위와 같은 국내주식과 해외주식의 세제상 차이로 인하여 특정 종목 주식 외에 ETF(Exchange Traded Fund, 상장지수펀드) 상품의 경우에도 해당 ETF가 국내상장인지 해외상장인지, 국내상장의 경우에도 추종하는 지수가 국내지수인지 해외지수인지 여부에 따라 부담하는 세금에 차이가 발생한다. 먼저, 국내상장 ETF 중 국내지수 추종 ETF의 양도차익은 이를 국내 상장주식 양도소득으로 보아 양도소득세를 부과하지 않고, 국내상장 ETF 중 해외지수 추종 ETF의 양도차익은 이를 배당소득으로 보아 15.4%의 배당소득세가 원천징수된다. 국내상장 ETF에 지급되는 배당 성격의 분배금에 대하여는 추종하는 지수가 국내인지 해외인지를 불문하고 동일하게 국내 세법에 따라 15.4%의 배당소득세가 원천징수된다. 반면, 해외상장 ETF의 경우 해외주식과 같이 기본공제액 250만 원을 초과하는 양도차익 부분에 대하여 22%(=양도소득세 20% + 지방소득세 2%)의 단일세율로 양도소득세를 과세하고, 해외상장 ETF에 지급되는 분배금에 대하여는 해당 국가 세법이 정한 배당소득세율과 조세조약상 제한세율 중 낮은 세율에 따라 우선적으로 원천징수가 이루어진 후 해외 국가의 배당소득세율이 국내 세법상의 배당소득세율보다 낮은 경우에 한하여 그 차이 부분에 대하여 국내 배당소득세 및 지방소득세를 부담하게 된다.

참고로, 주식에 직접 투자하지 않고 간접적으로 펀드에 투자하는 경우, 국내주식형 펀드의 환매차익에 대하여만 국내 상장주식 양도소득과 동일하게 취급하여 과세대상에서 제외하고, 그 외에 해외주식형 펀드나 채권형 펀드의 환매차익, 국내·해외펀드에서 발생하는 분배금이나 이자소득 등에 대하여는 15.4%의 배당·이자소득세가 원천징수된다.

2022년 11월 말 현재 국내·외 주식, ETF, 펀드 투자시 부담하는 세금을 개략적으로 정리하면 다음 표와 같다.

구분			양도 시 거래세	연간 2,000만 원 미만 배당·이자 소득	양도차익 과세
주식	국내 상장	소액주주	증권거래세 양도금액의 0.23%	15.4% 원천 징수	비과세
		대주주			22~33% 양도소득세
	미국주식 (증권회사 취득)		SEC Fee 양도금액의 0.00221%	15% 원천 징수	22% 양도 소득세
ETF	국내 상장	국내지수 추종	없음	15.4% 원천 징수	비과세
		해외지수 추종			15.4% 원천 징수
	미국 상장		SEC Fee 양도금액의 0.00221%	15% 원천 징수	22% 양도 소득세
국내 펀드	국내 주식형		없음	15.4% 원천 징수	비과세
	해외 주식형/채권형				15.4% 원천 징수

이처럼 주식투자의 방법에 따라 부담하는 세금에 상당한 차이가 있고, 이러한 세금은 투자수익을 기대하는 투자자들의 수익률에 직접적인 영향을 미치므로, 동학·서학개미들이 주식투자를 함에 있어서는 그에 수반되는 세금까지 고려하여 포트폴리오를 구성하고 자산을 잘 배분할 필요가 있다.

부자들이 그림을 사는 이유

정종화 변호사

    2021년 공개되어 국가에 기증된 고 이건희 회장의 미술품 컬렉션에는 김홍도, 김환기, 박수근, 이중섭, 피카소, 모네, 샤갈 등 국내·외 유명 작가들의 희귀작품들뿐만 아니라 인왕제색도, 천수관음보살도 등 국보·보물급 문화재들이 다수 포함되어 있고, 그 수량도 무려 2만 3천여 점에 이르러 상당한 사회적 관심을 모았다. 또한, 최근 서울화랑미술제, 부산아트페어에는 소위 '큰손'이라 불리는 미술품 수집가들이 대거 몰려 유례없는 매출액을 기록하였다고 한다. 이처럼 국내 미술품 시장이 호황인 이유는 코로나 19로 인해 국내 수집가들의 해외시장 접근이 제한된 측면도 있겠지만, 강력한 부동산 세제정책으로 인해 갈 곳을 잃은 유동자금들이 재테크적 관점에서 미술품 시장으로 눈을 돌리고 있기 때문인 것으로 보인다. 그렇다면 미술품에 대하여 어떤 세제상 장점들이 있길래 자산가들이 미술품

시장으로 모여 들고 있는 것일까?

무엇보다 먼저, 미술품에 대하여는 취득세와 보유세(재산세, 종합부동산세)가 전혀 부과되지 않는다. 즉, 취득 당시부터 보유기간 동안, 양도 시에 이르기까지 끊임없이 세금이 부과되는 부동산과 달리 미술품을 구입하여 보유하는 동안에는 아무런 세금이 부과되지 않는 것이다.

미술품은 양도 시에 이르러 비로소 세금이 부과되는데, 이마저도 개인의 경우 2021년부터는 사업장을 갖추는 등 특별한 사정이 없는 한 일관되게 기타소득으로 분류되어 22%(지방소득세 포함) 단일 세율로 분리과세되게 되었다. 종전에는 계속·반복적인 미술품 거래로 소득을 얻는 경우 기타소득이 아닌 사업소득으로 종합과세됨으로써 높은 세율이 적용되기도 하였으나, 2020년 말 소득세법 개정을 통해 계속·반복적인 미술품 거래로 얻은 소득도 기타소득으로 분류하도록 하였는바, 기존에 문제되었던 사업소득과 기타소득 간 구분의 모호성으로 인한 리스크가 사라지게 되었고, 향후 미술품 거래가 보다 활성화될 것으로 예상된다.

미술품을 양도하여 차익을 얻은 경우라고 하더라도 모두 기타소득으로 과세되는 것은 아니다. 점당 또는 조(2개 이상이 함께 사용되는 물품으로서 통상 짝을 이루어 거래되는 것)당 6,000만 원 미만인 것, 양도일 현재 생존한 국내 작가의 작품은 과세대상에서 제외된다. 과세대상인 미술품 양도에 대하여는 양도차익이 아닌 양도가액을 수입금액으로 하되, 양도가액 1억 원 이하 또는 보유기간 10년 이상인 경우에는 양도가액의 90%를 필요경비로 공제하고, 그 외에 양도가액이 1억 원을 초과하는 경우에는 1억 원까지는 90%, 1억 원 초과 부분에 대해서는 80%를 필요경비로 공제하게 되므로, 미술품 양도로 발생한 소득에 대해서는 비과세와 비용공제 혜택도 상당한 편이다. 다만, 위와 같은 비과세 또는 비용공제 규정은 소득세법상 개인에 한하여 적용되고, 법인이 미술품을 양도하는 경우에는 양도차익에서 실제 소요비용을 공제한 부분에 대하여 법인세가 과세된다.

한편, 미술품을 증여·상속하는 경우 원칙적으로 증여·상속세 부과대상이나, 부동산과 달리 미술품은 손쉽게 이동·보관할 수 있다는 점에서 과세대상 물건이나 거래를 포착하기 어렵고, 미술품의 고유한 특성상 객관적인 시세를 평가하기도 쉽지 아니하여 실무상 과세에 어려움이 있는 것이 사실이다.

최근에는 미술품을 기초자산으로 하는 대체불가능토큰(NFT, Non Fungible Token)을 통해 미술품을 디지털 자산화함으로써, 여러 사람이 하나의 미술품을 주식처럼 분할하여 소유·유통하는 방식도 시도되고 있는데, 이 역시 투자자산으로서의 미술품의 가치를 대변하는 것으로 보인다.

이상에서 살펴본 것처럼 미술품은 구입하여 보유하는 동안 아무런 세금 부담 없이 눈으로 감상하면서 문화생활을 향유할 수 있고, 통상 시간이 지날수록 그 가치가 더해지며, 양도 시에도 세제상의 혜택이 상당한 매력적인 투자자산이다. 아직까지 미술품은 일부 극소수 자산가들의 전유물처럼 여겨지고 있는 것이 사실이지만, 앞으로 미술품이 예술적 관점에서, 또한 자산적 관점에서 보다 많은 사람들에게 개방·보편화 됨으로써 건전한 미술품 수집 문화가 정착되어 가기를 희망해 본다.

올해는 주머니 사정이 허락하는 범위 내에서 전도 유망한 젊은 국내 작가의 작품 한 점을 사서 해당 작가의 성공을 빌어보는 것은 어떨까? 세월이 흘러 나중에 그 작가가 유명작가가 되고 그 생전에 작품을 양도한다면, 이미 오랫동안 충분히 만끽한 미술작품을 양도하여 소득을 얻으면서도 세금은 한 푼도 내지 않아도 될 것이니 말이다.

법인 목적 사업에 맞게 사용했는데, 비사업용 토지로 보고 중과세?

정종화 변호사

　　우리나라 국토의 70% 가량은 산이 차지하고, 나머지 30% 정도만이 평지로서 이용이 가능한데, 그나마 대도시의 경우 개발제한구역 등 규제, 용적률과 건폐율 등 건축법상 규제 등으로 실제 토지의 이용률은 매우 낮다. 그러한 사정 때문에 우리나라의 토지 가격이 높게 형성될 수밖에 없고, 그것은 주택이나 건물 등 부동산 가격에도 영향을 미치게 된다. 나아가 지가상승으로 인한 차익을 노려 토지를 투기수단으로 악용하는 사례가 만연하게 되었다.

　　이와 같이 협소한 국토로 인해 수많은 문제를 안고 있는 우리나라로서는 토지의 효율적 이용이 필수적인 상황이고, 이를 위하여 다방면으로 입법이 이루어짐과 동시에 각종 정책이 시행되는데, 조세측면에서는 비사업용 토지에 대한 법인세 중과제도가 그중 하나이다.

법인세법에는 법인이 부동산을 실수요에 따라 생산적인 용도로 사용하지 않고 업무와 관련 없이 취득하여 재산증식 수단으로 보유하다가 양도하는 투기행위를 억제하기 위해 손금의 측면에서는 업무무관 부동산 관련 지급이자를 손금불산입 대상으로 규정하고(제27조), 익금의 측면에서는 비사업용 토지 양도차익에 대해 법인세를 중과하는 규정을 두고 있다(제55조의2).

그런데 법인세법 제55조의2는 비사업용 토지에 대한 법인세 중과를 규정함에 있어 '사업용 토지'의 정의나 범위에 관하여는 아무런 규정을 두지 않은 채 '비사업용 토지'의 정의 및 범위만을 정하고, '법인의 업무와 직접 관련이 있다고 인정할 만한 상당한 이유가 있는 토지' 등 일정한 토지를 비사업용 토지에서 제외하는 방식을 취하고 있다.

과세관청은 관련 규정을 좁게 해석하여 법령상 열거된 비사업용 토지에서 제외되는 토지에 해당하지 않는 이상 어떤 토지가 법인의 사업에 직접 사용되었다고 하더라도 해당 토지는 사업용 토지가 아닌 비사업용 토지에 해당한다는 입장을 견지하고 있다. 최근 과세동향 또한 이러한 입장에 따라 토목·건축공사업, 대지조성업 부동산매매업 등을 목적 사업으로 하는 법인들이 보유한 토지를 기반시설공사, 대지조성공사 등을 거쳐 주택용지로 형질변경을 완료한 후 일반 수분양자에게 매도하고, 그 토지를 사업용 토지로 보아 법인세를 신고한 경우에 대하여 그 토지들이 비사업용 토지임을 이유로 법인세법 제55조의2에 따른 법인세 중과처분을 하는 경우가 빈번하게 발견된다.

이와 같이 법인의 목적 사업에 직접 사용된 토지를 비사업용 토지로 보고 그 양도차익에 대해 중과세를 한 법인세 부과처분이 과연 적법 타당한 과세일까? 국가 운영에 필요한 재원 조달을 위해 세수를 확보하여야 할 임무를 수행하는 과세관청으로서는 가능한 한 과세대상을 넓힐 수 있도록 법규정을 엄격하게 해석할 수는 있으나, 그렇다고 하여 법인의 목적 사업에 사용된 토지마저도 비사업용 토지로 취급하려는 과세관청의 입장은 법 해석을 떠나 상식적으로 납득하기 어렵고, 목적 사업과 무관한 법인의 부동산 투기행위를 억제하고자 하는 법인세법 제55조의2의 입법취지에도 맞지 않다는 생각이 든다.

현재 법인세법 제55조의2와 관련한 사업용 토지, 비사업용 토지 구분기준에 관하여는 명시적인 대법원의 판단 사례가 존재하지 않으나, 법인세법 제27조와 관련하여 '법인의 업무와 직접 관련이 없다고 인정되는 자산'에 해당하는지 여부를 판단함에 있어 대법원은 "부동산매매업을 주업으로 영위하는 법인의 경우 일반 법인과 달리 부동산을 매매하는 것 자체가 법인의 업무에 해당"하고, "부동산매매업을 주업으로 하는 법인이 부동산매매용 토지를 양도하는 것 자체를 법인의 업무에 직접 사용한 것으로 보아야 한다."고 판시한 바 있다(대법원 2018. 5. 11. 선고 2014두44342 판결).

비록 대법원의 위 판단이 법인세법 제27조와 관련된 것이기는 하지만, 위 조문과 법인세법 제55조의2의 입법취지가 다르지 않다는 점을 고려하면, 법인세법 제27조에 관한 위 대법원 판결의 논리를 법인세법 제55조의2에도 그대로 적용하여, 법인의 목적 사업에 직접 사용된 토지는 그 자체로 비사업용 토지에서 제외되어 사업용 토지로 판단될 가능성이 높아 보인다.

최종 판단은 대법원에서 내려질 것이나, 보유한 토지를 이용하여 원래 설립된 법인의 목적 사업을 수행하였음에도 억울하게 중과세라는 불이익을 받는 일이 없도록 현명한 결론이 내려지기를 기대해 본다.

부담부증여로 세금을 줄인 줄 알았는데…

전오영 변호사

　　최근 몇 년 사이 주택가격이 급등하는 바람에 2030 청년세대들에게는 "과연 내 생애에 내 집을 마련할 수 있을까"를 자문할 정도로 주택문제는 인생 최대의 관심사가 되었다. 이러한 걱정은 영혼까지 끌어 모아 주택을 구입한다는 의미로 '영끌'이라는 한숨 섞인 신조어를 만들어 내기도 했다.

　　영끌을 해서라도 주택을 구입하려는 청년들을 바라보는 부모세대 또한 걱정스러운 마음에 온갖 생각이 머릿속을 헤집고 다닌다. 주택을 2채 이상 보유하고 있는 부모라면 그중 1채를 자녀에게 넘겨주고 싶은 마음이 굴뚝같은데, 주택 가격 상승으로 증여세도 만만치 않아 어떻게 하면 세금을 적게 내고 주택을 넘겨줄 수 있는지 또 다른 고민을 하게 된다. 이러한 경우 절세할 수 있는 방안으로는 주택을 담보로 금융기관에서 대출을 받고, 전세를 놓은 다음, 그 대출금

채무와 전세보증금채무를 증여받은 자녀로 하여금 부담하게 하고 증여하는 방안, 즉 부담부증여 방안이 가장 많이 알려져 있다.

2채의 주택을 보유하고 있던 김 모씨 역시 이러한 절세방안을 듣고 보유한 주택 중 1채에 설정된 근저당권의 대출금채무와 전세보증금채무를 아들이 승계받아 책임지는 조건으로 주택을 아들에게 증여한 다음, 아들이 증여세를 납부하였다. 나름대로 현명한 선택을 하여 절세를 하고, 아들의 내 집 마련 목표를 달성하였다고 뿌듯해하고 있었는데, 어느 날 세무서에서 '증여한 주택에 대한 양도소득세를 별도로 납부해야 한다'는 통지를 받고 아연실색하였다.

어디서부터 무엇이 잘못된 것일까? 김 모씨는 아들에게 주택을 부담부증여하는 경우 아들이 승계받아 부담하는 채무액수를 공제하고 나머지 금액만 증여한 것이라고 오해하는 바람에 또 다른 세금 하나를 미처 생각하지 못했던 것이다.

우리 세법에는 증여재산에 담보된 채무를 증여받는 사람이 인수하는 경우 인수한 채무액은 증여로 보지 않아 증여재산 가액에서 공제하고 증여세를 계산하도록 되어 있다. 증여받은 사람이 인수한 채무는 원래 증여자가 갚아야 할 채무를 수증자가 떠안아 대신 갚는 것이므로 그만큼 주택에 대한 대가를 증여자에게 지급한 것으로 보아 이를 증여로 보지 않고, 양도로 보는 것이다. 따라서 채무를 부담하는 조건으로 증여하는 '부담부증여'의 경우에는 그 채무에 해당하는 부분에 대하여는 증여세를 부과하지 않고, 자산의 양도로 보아 양도소득세를 과세한다.

물론 부담부증여에 대하여 양도소득세가 과세되더라도 증여자가 1세대 1주택을 보유한 경우에 해당하여 비과세 혜택을 받거나, 낮은 세율의 양도소득세 과세대상이라면, 채무 부담 없이 단순 증여한 경우에 비하여 어느 정도 세금을 줄일 수는 있다. 그러나, 증여자가 다주택자이거나 조정지역에 있는 주택을 보유하고 있다면, 양도소득세 세율이 높아 부담부증여로 줄인 증여세보다 납부하여야 할 양도소득세가 훨씬 많을 수도 있다.

부담부증여를 통한 절세효과를 제대로 누리기 위해서는 살펴보아야 할 것이 또 있다. 부담부증여로 인수한 채무액을 증여로 보지 않아 증여재산 가액에서 공제하려면, 수증자가 실질적으로 증여자의 채무를 인수하여야 하는데, 부담부증여가 배우자나 직계존비속 간에 이루어진 경우에는 실질적으로 채무를 인수하였다는 점에 대한 판단이 쉽지 않다. 이러한 사정 때문에 과세관청은 부담부증여가 직계존비속 간에 이루어져 수증자가 증여자의 채무를 인수하였다고 주장하는 경우에도 그 채무액은 수증자에게 채무가 인수되지 않고 증여된 것으로 추정하는 것이 과세실무이고, 그 채무가 국가나 지방자치단체, 금융기관에 대한 채무임이 객관적으로 인정되는 경우와 증여시 채무인수계약서나 인수후 이자지급 증빙서류 등에 의하여 사실이 확인되는 경우에 한하여 부담부증여로 보아 증여세 과세가액에서 제외하고 있으므로 이 점 또한 유의하여야 한다.

이와 같은 요건을 갖추어 부담부증여로 인정된다고 하더라도, 유의하여야 할 점은 또 있다. 부모로부터 주택과 함께 인수한 채무는 수증자인 자녀 스스로 갚아야 한다. 그렇게 하려면 증여받은 자녀가 채무를 변제할 경제적 능력이 있어야 한다. 예를 들어 증여세 부담을 줄이겠다는 생각으로 아무런 소득도 없는 10대 자녀에게 5억 원의 주택담보대출을 떠안는 조건으로 10억 원 상당 아파트를 증여한 경우 상식적으로 그 자녀가 대출원리금을 갚아 나갈 수는 있다고 생각하기 어렵다. '일단 주택을 부담부증여해 놓고 나중에 대출금 채무나 보증금채무를 적당히 갚아주면 되겠지'라고 생각했다가는 세무당국의 감시망에 걸려 뜻하지 않은 낭패를 볼 수 있다.

결국 부담부증여를 통해 증여세를 줄일 수 있다는 얘기는 원론적으로 타당하지만, 실제로는 증여자의 다주택자 여부, 증여주택과 관련된 양도소득세율, 수증자의 채무 상환능력 등에 따라 절세효과가 달라질 수 있다. 따라서 부담부증여를 통해 제대로 된 절세효과를 누리고, 자녀들의 내 집 마련을 도우려면, 각자 처한 상황을 정확하게 살펴 어느 방안이 세금측면에서 가장 효과적인지를 검토하고 실행하여야 한다. 제대로 따져 보지도 않고 남의 말에 솔깃하여 실행에 옮겼다가는 정말로 절세는커녕 예상치 못한 세금폭탄을 맞을 수도 있다.

상속세를 신고하다가 낭패 당한 이야기

정재웅 변호사

상속인은 상속개시 있음을 안 날로부터 3월내에 가정법원에 포기 신고를 하는 방식으로 상속을 포기할 수 있다. 상속개시 있음을 안 날이란 피상속인이 사망한 사실과 자기가 상속인이 된 사실을 안 날을 의미한다. 상속을 포기하면 상속으로 인해 일단 상속인에게 귀속되었던 상속재산은 상속이 개시된 때에 소급하여 포기한 상속인에게 귀속되지 않았던 것으로 된다. 수인의 상속인 중 채무초과 상태에 있는 상속인은 위와 같은 상속포기절차를 거치지 않고, 나머지 상속인들과 사이에 자신의 상속지분을 포기하고, 그 지분을 다른 상속인에게 분할하기로 하는 내용으로 상속재산 분할협의를 할 수도 있다. 상속재산 분할협의가 성립되면 각각의 상속인이 취득한 재산은 상속이 개시된 때에 소급하여 분할받은 사람에게 귀속된 것이 된다.

이와 같이 법정절차를 거친 상속의 포기와 상속지분을 포기하기로 하는 내용의 상속재산 분할협의는 양자 모두 포기한 사람이 상속을 받지 않고, 포기한 상속재산이 상속이 개시된 때에 소급해서 다른 상속인에게 귀속되게 하는 법적 효과가 있다는 점은 동일하다. 그러나 채무초과 상태에 있는 상속인이라면, 그 상속인이 상속을 포기하는 것과 자신의 상속지분을 포기하기로 하는 내용의 상속재산 분할협의를 하는 것에는 큰 차이가 있으므로 반드시 주의를 요한다.

X가 사망하였고, 상당한 규모의 부동산을 상속재산으로 남겼다. X의 상속인으로는 처 Y, 성년의 아들 A가 있다. 그런데 A는 사업에 실패하여 채무 초과 상태에 있는 경우를 예로 들어 보자.

A는 X가 유산으로 남긴 부동산을 일부 상속받더라도 그 채권자들이 그가 받게 되는 상속재산에 대해 강제집행이 들어올 것을 걱정해서 자신은 상속을 받지 않고 어머니인 Y가 부동산을 전부 상속을 받는 방법을 찾기로 하였다. 이 경우 A가 선택할 수 있는 방안은 법정절차를 거쳐 상속을 포기하는 것과 Y와 사이에 A는 상속을 받지 않고 Y가 전부 상속받기로 하는 내용의 상속재산 분할협의를 하는 방안이 있는데, 두 가지 방안이 적어도 A의 채권자들에 대한 관계에서는 법적으로 큰 차이가 있다.

결론부터 얘기하면, A가 법정절차를 거쳐 상속 포기를 한 경우에는 A의 채권자들이 A의 상속 포기 사실을 문제 삼을 수 없는 반면, A가 Y와 사이에 그와 같은 내용의 상속재산 분할협의를 한 경우에는 A를 상대로 사해행위 취소소송을 제기함으로써, 부동산에 관한 A의 상속지분 2/5에 대해 권리행사를 할 수 있다.

이는 대법원이 사해행위 취소소송의 대상인지 여부에 대해 상속 포기와 상속재산 분할협의를 완전히 달리 취급하고 있기 때문이다. 즉 대법원은 상속의 포기는 채권자취소권을 규정하고 있는 민법 제406조 제1항 소정의 '재산권에 관한 법률행위'에 해당하지 아니하여 사해행위취소의 대상이 되지 않는다고 보는 반면, 상속재산 분할협의는 상속이 개시되어 공동상속인 사이에 잠정적 공유가 된 상속재산에 대한 소유관계를 변경시키는 것으로 그 성질상 재산권을 목적으로 하는 법률행위이므로 사해행위취소권 행사의 대상이 된다는 입장을 취하고 있다.

세무사 등 상속세 신고 대리인에게 자신은 사정상 상속을 받지 않을 테니 다른 상속인들이 자신의 상속분까지 상속받는 것으로 협의분할해 처리해 달라고 의뢰하였다가, 당초 의도와 달리 채권자로부터 사해행위 취소소송을 당해 낭패를 보는 경우를 가끔 보게 된다. 따라서 채무 초과상태에 있는 상속인으로서는 상속재산 분할협의를 통해 자신의 상속 지분을 포기하고만 말 것이 아니라 민법이 정한 절차와 방식에 따라 가정법원에 상속포기 신고를 하는 것이 반드시 필요하다.

다만 대법원이 상속 포기와 상속재산 분할협의를 달리 취급하는 것에는 의문이 있다. 상속 포기와 상속재산 분할협의는 포기한 상속재산이 상속이 개시된 때에 소급해서 다른 상속인에게 귀속되는 같은 법률효과가 있다. 또 1990년 민법 개정으로 호주상속제가 폐지된 이상 상속 포기를 전적으로 신분적 행위라고 보아 재산권에 관한 법률행위에 해당하지 않는다고 하기도 어려우므로 양자는 모두 재산권에 관한 법률행위로서의 성격을 갖는다고 생각한다. 따라서 상속인이 어떠한 형식을 선택했느냐에 따라 양자를 달리 취급하는 것은 이와 같은 양자의 동일한 법적 성격이나 법률 효과 면에서 타당하지 않으므로 향후 대법원의 판례 변경을 기대해 본다.

꼬마빌딩 사는 것만큼이나 어려운 상속 · 증여

이경진 변호사

　근래 다주택에 대한 규제, 꼬마빌딩의 재산 가치 상승에 대한 기대 등으로 자녀에게 소규모 빌딩인 이른바 '꼬마빌딩'을 증여하는 사람들이 늘고 있다. 보통 상속 · 증여세를 계산할 때는 매매사례를 통해 확인된 시가를 우선 반영하는 것이 원칙이지만 꼬마빌딩은 아파트처럼 주변 시세가 명확하지 않고 제각기 형태가 달라 공시가격이나 국세청 기준시가 등 보충적 방법으로 평가하여 신고하여 왔다. 이러한 보충적 방법은 시가의 60~70% 밖에 반영하지 못하므로 세금을 적게 내면서 부를 대물림하는 수단으로 이용되어 왔다. 이에 대해 적절한 세금이 부과되지 못하고 있다는 비판이 많았고 국세청은 이러한 불균형을 방지하려는 과세 방침을 정하여 시행하고 있다.
　국세청은 지난 2020. 1. 30.자「상속 증여세 과세 형평성 제고를 위한 꼬마빌딩 등 감정평가사업 시행 안내」보도자료를 통하여 꼬마빌딩을 시가보다 낮게 상속·증여함에 대한 과세 방침을 밝힌 바 있다. 그 내용을 보면, '부동산 가격공시에 관한 법률 제2조에 따른 비거주용 부동산' 또는 '지목의 종류가 대지 등으로 지상에 건축물이 없는 토지(나대지)'를 대상으로, 2019. 2. 12. 이후 상속·증여받은 부동산 중 법정결정기한 이내의 것에 대하여는 상속세 또는 증여세를 결정할 때 둘 이상의 공신력 있는 감정기관에 평가를 의뢰하여 감정을 실시한 후 재산평가심의위원회에서 감정가격을 시가로 인정할 지 여부를 심의하여, 시가로 인정되면 감정가격으로 상속·증여 재산을 평가하여 과세하겠다는 것이다.

상증세법은 상속세나 증여세가 부과되는 재산의 가액을 상속개시일 또는 증여일(이하 "평가기준일"이라 한다) 현재의 시가(時價)에 따르도록 하고 있는데, '시가'란 불특정 다수인 사이에 자유롭게 거래가 이루어지는 경우에 통상적으로 성립된다고 인정되는 가액이다. 그런데 상증세법은 매매사례가액뿐 아니라 평가기간 이내의 '감정가액', 즉 둘 이상의 공신력 있는 감정기관이 평가한 감정가격이 있는 경우 그 감정가격의 평균액을 시가로서 인정하고 있다.

또한 시기에 상관없이 감정가액이 모두 시가로 인정되는 것이 아니라 평가기간 이내여야 하는데, 평가기간이란 원칙적으로는 평가기준일 전후 6개월(증여재산의 경우 평가기준일 전 6개월, 평가기준일 후 3개월)로 하되, 평가기준일 전 2년으로부터 평가기준일 후 부과 결정일(상속세는 과세표준 신고기한으로부터 9개월, 증여세는 과세표준 신고기한으로부터 6개월)까지의 기간 중 주식발행회사의 경영상태, 시간의 경과 및 주위환경의 변화 등을 고려하여 가격 변동의 특별한 사정이 없는 경우로서 평가심의위원회의 심의를 거친 경우에는 해당 기간으로 평가기간의 확장이 가능하도록 규정되어 있다.

국세청의 꼬마빌딩에 대한 과세 방침은 위에서 본 상증세법 규정에 근거하고 있다. 이러한 상증세법 규정과 국세청의 과세방침에 비추어 볼 때, 만약 납세자가 부동산을 증여 받으면서 보충적 평가 방법인 개별공시지가로 신고하였는데 시가와의 차이가 클 경우, 국세청은 이를 시가로 인정하지 않을 가능성이 높아졌고 그 평가기간 또한 확장되어 국세청으로부터 감정가액으로 산정한 세금이 부과될 수도 있는 불안정한 위치에 있게 되었다. 특히 국세청은 외부에 구체적인 기준이 공개되면 조세 회피에 악용될 우려가 있다는 이유로, 감정평가 대상이 되는 '고가 부동산의 금액 기준'과 '신고가액과 시가의 차액이 큰 경우'에 대한 구체적인 기준을 공개하지 않고 있어 납세자로서는 거래 시 더욱 유의해야 할 것이다.

실제로도 국세청은 감정평가를 하여 시가보다 낮게 신고된 상속·증여세를 부과하였고, 2020년 11월경에는 꼬마빌딩 등에 대한 편법 증여를 적발하여 세무조사한다는 기사가 보도되기도 하였다. 특히 주택에 대한 각종 규제 강화 및 풍부한 유동성 등으로 현금보다는 자산, 그중 주택보다는 꼬마빌딩을 물려주려는 움직임이 계속되는 가운데, 국세청은 비거주용 일반건물(꼬마빌딩) 감정평가 예산을 2020년 19억 3,900만 원에서 2021년에는 51억 200만 원으로 160% 가량 대폭 늘렸고 매년 증액될 것으로 예상된다. 이는 한정된 감정평가 예산 때문에 일부 고가빌딩만 감정평가 대상이 되므로 과세 형평에 맞지 않는다는 비판을 희석시키고, 2020년 첫 시행 후 적지 않은 성과를 거둔 꼬마빌딩에 대한 감정평가를 더 많이 실시함으로써 실제 재산 가치에 맞는 상속·증여세를 걷겠다는 목적이다. 2020년 해당 사업 예산과 감정평가 건수(109건)를 감안하면 국세청은 2021년에 약 300건에 달하는 감정평가를 실시할 수 있을 것으로 예상되므로, 2020년 보다 내부 기준을 낮추어 감정평가 대상을 확대할 가능성이 높다.

결국 납세자는 꼬마빌딩에 대한 상속·증여 시에 개별공시지가 또는 감정가액으로 신고할 지 등 신고 내용에 대해 미리 전문가와 상의함으로써 예상치 못한 세금에 대비하고, 만약 신고하였으나 확장된 평가기간 등이 적용되어 국세청으로부터 세금이 부과된 경우에는 평가 기준일과 가격산정 기준일 사이에 과연 재산의 가치 변동이 없었는지 등 살펴보는 등 전문가의 도움을 받아 법률상 적절한 대응 논리를 세워 세금을 줄이는 방법을 찾는 것이 무엇보다 중요할 것으로 보인다.

상장했더니 증여세를 내라고?

전완규 변호사

　　회사를 운영하는 사람이라면 누구나 한국거래소 상장을 목표로 하거나, 적어도 한 번쯤은 머리 속으로 자신이 세운 회사의 상장된 모습을 그려 봤을 것이다. 그만큼 상장은 기업가에게 매력적이다.

　　최근 회사 상장의 목표를 이룬 기업가에게 증여세가 부과되는 사례가 증가하고 있다. 대부분 상장 이전에 자신이 가지고 있던 주식을 자녀나 친척들에게 유상으로 양도하거나 증여한 경우이다. 자녀나 친척들에게 유상으로 양도 또는 증여하면서 증여세 등 관련 세금을 모두 냈는데, 상장했다는 이유로 또 다시 증여세를 내라고 하니, 쉽게 납득하기 어렵다. 그러면, 증여세는 재산을 무상으로 이전해 줄 때 납부해야 하는 세금인데, 회사를 상장했다고 해서 법인세도 아닌 증여세를 왜 내야 하는 것일까?

　　이는 바로 우리 상속세 및 증여세법이 최대주주 등의 특수관계인이 최대주주 등으로부터 해당 법인의 주식을 매매, 증여 등으로 취득했는데 그 주식이 취득일로부터 5년 이내에 상장됨에 따라 상장 차익을 얻은 경우에는 그 이익에 대해 증여세를 부과하고 있기 때문이다. 예를 들면, 비상장법인의 지분 51%를 보유하고 있던 대표이사가 자신이 가지고 있던 비상장법인의 주식 일부를 시가로 아들과 딸에게 유상으로 양도하였는데, 그 날로부터 5년 이내에 비상장법인이 상장되어 주식의 가치가 상승한 경우에, 상장으로 인해 상승한 주식 가치의 일정 부분이 증여세 부과대상인 것이다.

그렇다면, 우리 상속세 및 증여세법은 왜 비상장주식의 상장으로 인해 발생한 이익에 대하여 증여 규정을 둔 것일까? 이는 바로 과거에 회사의 오너가 자녀나 친척들에게 부를 변칙적으로 세습하거나 경영권을 유지하는 데 회사의 내부 정보를 악용하였기 때문이다. 즉, 상장이익 증여 규정은 회사의 내부정보를 이용하여 한국거래소 상장에 따른 거액의 시세차익을 얻게 할 목적으로 최대주주 등이 자녀 등 특수관계에 있는 자에게 비상장주식을 증여하거나 유상으로 양도함으로써 변칙적인 부의 세습을 가능하게 할 뿐만 아니라 또는 수증자 또는 취득자가 이를 양도하지 않고 계속 보유하면서 사실상 세금 부담 없이 계열사를 지배하는 문제를 규율하기 위해 그 차익에 대하여 과세하는 데서 비롯된 것이다.

위와 같은 상장이익 증여 규정의 도입취지는 과세형평의 측면에서 보면 지극히 합리적이다. 다만, 상장이익 증여 규정을 획일적으로 적용하여 증여세를 부과하는 데에는 신중을 기울일 필요가 있다.

왜냐하면, 적어도 부의 변칙적인 세습 및 계열사의 지배와 관계 없이 이루어진 주식의 증여나 양도에 대하여도 위 규정을 그대로 적용하는 것은 위 규정을 도입한 당초 취지에 맞지 않기 때문이다. 또한 상장이익 증여 규정으로 인해 부과되는 증여세는 상장이라는 특수성으로 인해 세액이 적지 않은 경우가 대부분인데, 부의 변칙적인 세습이나 계열사 지배와 관계 없이 주식을 인수한 사람에게 전혀 예상하지 못한 거액의 증여세를 다시 부과하는 것은 선의의 피해자를 만들 수도 있기 때문이다.

요컨대, 비상장주식의 상장을 통해 변칙적인 부의 세습이나 부당한 계열사 지배를 방지하여야 하나, 상장이익 증여 규정을 당초 도입 목적에 맞게 신중하게 적용·운용함으로써, 상장을 변칙적인 부의 세습이나 부당할 계열사 지배 수단으로 악용하지 않은 선의의 기업가를 보호할 필요는 있다.

가업승계 세제혜택, 경영일선에서 물러난 경우에도 가능하다

김용택 변호사

세법상 가업승계에 대한 세제혜택에는 상증세법이 규정하는 ①
'가업상속공제'와 ② 조세특례제한법이 규정하는 '가업승계에 대한
증여세 과세특례'가 있다.

중소기업이 가업의 원활한 승계를 통해 기술과 경영 노하우 등
이 전수되면서 계속기업으로 성장해 가는 것은 우리 사회가 중산층
을 기반으로 안정적으로 발전하기 위한 필수적 요소이다. 이를 위한
방안 중 하나인 ① 가업상속공제는 독일의 제도를 본받아 1997년에
처음 도입된 것으로, 피상속인이 영위하던 사업을 일정한 요건을 갖
추어 상속인이 승계하는 경우 최대 500억 원을 상속세 과세가액에
서 공제하여 상속세 부담을 경감시켜 주는 것이다.

한편, ② 가업승계에 대한 증여세 과세특례는 2007년 말 조세

특례제한법 개정으로 신설된 것으로, 경영주가 자녀에게 기업을 생전에 미리 승계하기 위해 가업주식을 사전증여할 경우 100억 원을 한도로 10~20%의 낮은 세율을 적용하여 증여세를 부과하고, 이후 경영주 사망 시 상속세 과세가액에 합산·정산하는 제도이다.

즉, ① 가업상속공제제도가 해당 세금(상속세)을 영원히 면제해 주는 것임에 반해, ② 가업승계 주식에 대한 증여세 과세특례제도는 세금(증여세)을 증여시점에 곧바로 부과하지 않고 상속시점까지 이연해 주는 것이다. 두 제도는 피상속인(증여자)의 요건, 상속인(수증자)의 요건 등 세제혜택을 적용받기 위한 요건과 나중에 일정기간 가업에 종사하지 않거나 승계받은 자산을 처분하는 등 사후관리요건을 위반하는 경우 세금을 추징하는 것에 관해 자세한 규정을 두고 있다.

두 제도의 요건들은 일부 내용에서 약간씩 차이가 있으나 상당 부분 동일한데, 특히 두 제도는 공통적으로 피상속인(증여자)이 "10년 이상 계속하여 경영한 기업"으로서 일정 규모 이하의 중소기업 또는 중견기업을 대상으로 하고 있다. 이와 관련하여 최근 과세관청의 유권해석이 변경된 것이 있어 주목된다.

대상 사안에서, 중소기업(법인)을 운영하던 최대주주 A(74세)는 24년간 대표이사로 재직하다가, 전문경영인에게 경영을 맡기고 일선에서 물러난 상태였다. 이러한 상황에서 A가 사망하여 상속이 개시되는 경우 가업상속공제를 적용받을 수 있는지 여부가 문제되었다.

종래 과세관청은 피상속인이 상속개시일(사망) 당시 가업에 종사하지 않는 경우에는 상증세법상 가업상속공제 혜택을 적용받을 수 없다고 해석해 왔다. 그런데 피상속인이 사망 전에 금치산자로 선고되거나 와병 등으로 인하여 가업 경영에 종사하지 못한 경우를 가업상속공제 적용대상에서 제외한다면, 결국 가업상속공제의 적용대상은 피상속인이 급작스럽게 사망하는 경우 등에만 제한적으로 적용될 수밖에 없는 결과를 초래하여 가업승계에 대한 세제지원이라는 제도의 목적을 달성하기 어렵게 된다는 비판이 있었다.

이를 감안하여 조세심판원 및 과세관청은 2013년경부터 피상속인이 10년 이상 가업을 경영하였으나 상속개시일 현재 건강상의 문제로 부득이 가업의 경영에 종사하지 않은 상태에서 상속이 개시된 경우에도 가업상속공제를 적용받을 수 있다고 해석하였다. 이는 피상속인의 사망 당시 가업을 경영하지 않은 경우에는 원칙적으로 가업상속공제를 적용받을 수 없으나, 건강상의 문제 등 부득이 사유로 가업의 경영에 종사하지 않게 된 경우에 한하여 예외를 인정할 수 있다는 취지였다. 이러한 과세관청의 해석은 나름 합리적인 측면이 있는 것이었으나, 예외를 인정하는 부득이한 사유에 관한 법령상 명확한 근거가 없어 그 범위에 관해 논란이 있었다.

그러다 2022년 과세관청은 위 사례에서 피상속인이 "상속개시일 현재" 가업에 종사하지 않았더라도 가업상속공제를 적용받을 수 있다고 해석을 변경하였다(기획재정부 조세법령운용과-571, 2022. 5. 30.). 현행 상증세법상 가업상속공제와 관련하여 피상속인이 사망 당시 가업에 종사하고 있어야 하는지 여부에 관해 명시적으로 규정된 내용이 없는 상황이므로, 반드시 피상속인이 사망 당시 가업을 직접 경영하고 있을 필요는 없다고 보아야 하고, 그 외 가업의 기술·경영 노하우 전수를 지원하려는 취지는 현행 상증세법령에 규정되어 있는 다른 가업상속공제 적용요건 및 사후관리요건을 통해서도 충분히 가능하다는 취지이다.

즉, 피상속인이 사망 당시 가업에 종사하지 않았더라도 다른 법령상 요건을 모두 충족하고 있다면(예컨대, 피상속인의 요건으로 과거에 10년 이상 계속해서 경영한 바 있고, 최대주주로서 50% 이상의 지분을 10년 이상 계속 보유하고, 일정 기간 이상 대표이사로 재직했을 것, 그 외에 상속인의 요건 등도 충족할 것), 가업상속공제가 적용된다는 것이다.

위 해석은 상증세법상 가업상속공제에 관한 것이었으나, 사전증여를 통한 가업승계에 대한 증여세 과세특례제도에서도 증여자의 증여 당시 가업 경영 여부에 관한 규정내용이 다르지 않으므로, 위 해석은 동일하게 적용될 것으로 보인다.

최근 창업세대의 고령화로 가업승계가 중요해졌으나, 관련 세제혜택을 받기 위해서는 장기간의 계획과 치밀한 준비가 필요하여 활용에 어려움이 있었다. 특히, 위 두 제도의 적용요건과 사후관리요건이 매우 복잡하고 그 내용도 추상적이어서, 납세자 입장에서 세제혜택의 적용여부 및 박탈여부 등을 쉽게 알기 어려운 측면이 있었다.

이에 국세청은 최근 보도자료를 통해, 가업승계 세제혜택의 사전·사후요건을 진단하고, 미비한 부분에 대해서는 구체적인 방향 제시 등 자문을 해 주는 『가업승계 세무컨설팅』 업무를 실시하겠다고 발표하였다. 기업별 1:1 맞춤형 컨설팅으로 가업승계를 적극 지원한다는 취지이다. 그동안 임의로 진행한 가업승계에 대해 과세관청이 다른 견해를 취해 과세를 하지는 않을까 하는 우려가 많았던 것이 사실이다. 앞으로 가업승계 세제혜택을 받고자 하는 기업들이 이 제도를 적극적으로 활용하는 방안도 고려할 수 있겠다.

다만, 이번에 국세청은 위 세무컨설팅 서비스를 처음 실시하면서, 그 신청대상을 대표이사가 5년 이상 재직하였거나 가업승계 사후관리가 진행 중인 중소기업으로 하고, 신청기간을 2022. 7. 1. ~ 8. 1.로 정하면서, 향후의 신청접수 일정에 대해서는 추후 공지할 예정이라고 하였다. 향후 국세청이 지속적으로 위 서비스를 제공할 것인지, 납세자에게 어느 정도 실효성 있는 자문을 제공할 것인지 등은 아직 알기 어려운 상황이다. 앞으로 제도의 운용모습을 지켜봐야 하겠지만, 가업승계 세제의 복잡성, 불명확성 등을 고려하면 관련 전문가의 조언을 받고 사전에 치밀한 준비를 하는 것은 여전히 필요한 것으로 보인다.

상속은 받았는데… 현금 아니라 당장 세금 낼 돈 없다면?

허시원 변호사

2022년 초 게임의 불모지였던 한국을 게임강국으로 만든 넥슨의 창업주가 미국에서 사망했다는 소식이 들려왔다. 국내 게임업계의 1세대 벤처기업가의 갑작스러운 사망 소식에 모두 놀라움과 슬픔을 감추지 못했다. 사랑하는 가족을 잃은 유가족들이 느낄 슬픔은 감히 헤아릴 수도 없다. 그러나 마냥 고인을 애도하고 있기에는 고인의 사망으로 인한 여러 현실적인 문제들이 기다리고 있다. 그중 하나는 고인이 남긴 재산에 대한 상속과 상속세 납부 문제다.

언론 보도에 의하면, 고인의 상속인들이 부담하는 상속세는 약 6조 원이다. 상속재산 중 대부분은 넥슨 그룹의 지주회사인 NXC 지분이 차지하고 있다. NXC는 비상장회사라 지분의 일부를 매각해 현금화하기 쉽지 않다. 게다가 상속인들이 경영권을 승계할 의사가 있다면 현실적으로 NXC 지분을 매각하기 어렵다. 상속세 납부를 위한 재원을 마련하기 어려운 상황인 것이다.

이처럼 상속받은 재산이 현금이 아니거나 현금화하기 어려운 주식·부동산 등이 차지할 때 연부연납 제도를 활용할 수 있다. 연부연납은 일정 기간 상속세를 나누어서 납부할 수 있도록 한다. 신고납부 기한(상속개시일, 즉 사망일이 속하는 달의 말일부터 6개월) 이내에 일시에 납부하기 어려울 때 사용할 수 있다. 상속세 일시 납부에 따른 과중한 세 부담을 분산시켜 상속재산을 보호하고 납세의무의 이행을 돕는다.

연부연납과 유사한 제도로 분납이 있다. 분납은 상속세 신고납부 기한 내에 한 번, 신고납부 기한으로부터 2개월 이내에 한 번 총 두 번 상속세를 나누어 내는 것이지만, 연부연납은 최장 10년 동안 매년 한 번씩 장기간 상속세를 나누어 낼 수 있다. 기존에는 연부연납이 가능한 최장기간이 5년이었는데, 2022년 초 법이 개정되며 상속세의 경우 최장기간이 10년으로 늘어났다.

연부연납은 상속세 납부세액이 2000만 원을 초과하는 경우 납세의무자가 신청하고 관할세무서장이 허가하면 적용받을 수 있다. 국세청은 연부연납을 통해 상속세 납부 기한을 연장해주는 대신 납세의무 이행을 보장하기 위한 담보를 요구한다. 국세징수법상 허용되는 담보는 금전·유가증권·납세보증보험 증권·납세보증서·토지·보험에 가입되고 등기·등록된 건물·공장재단·선박·항공기 등이다. 이 중 금전·유가증권·납세보증보험 증권·납세보증서를 담보로 제공할 경우 관할세무서장의 허가를 받은 것으로 본다. 다른 담보들보다 담보력을 신뢰할 수 있다고 보는 셈이다.

하지만 비상장주식은 국세징수법상 허용되는 담보에 포함되지 않는다. 앞서 본 사안의 경우처럼 상속재산 대부분이 비상장주식이라면 납세보증보험 증권이나 납세보증서를 이용하는 것을 고려해볼수 있다. 이 경우 상속재산에 비례하여 보험료나 보증료를 부담해야한다는 단점이 있다.

연부연납 세액은 연부연납 대상 세액을 '연부연납 기간 + 1년'으로 나눠 산정한다. 예를 들어 상속세액이 12억 원이고 그중 11억원을 10년 동안 연부연납하기로 했다면, 11억 원을 11(10년 + 1년)로 나눈 금액인 1억 원과 연부연납 대상 금액이 아닌 1억 원을 합한2억 원을 상속세 신고납부 기한 내에 납부해야 한다. 그 후 매년 1억 원을 추가로 납부하면 된다. 다만 매년 납부할 금액이 최소 1000만 원은 초과해야 하므로 10년 동안 연부연납으로 나눠 내려면 상속세 납부액이 최소 1억 1000만 원을 넘어야 가능하다. 만일 그보다적다면 상속세 연부연납 기간은 10년보다 짧게 정해야 한다.

연부연납이 납세의무자에게 편리한 제도는 맞지만, 공짜는 아니다. 상속세를 일시에 납부하는 경우와의 형평성을 고려해 연부연납대상 세액에 대한 가산금이 추가 부과된다. 현행법상 가산금 이자율은 국세환급가산금 이자율과 동일하게 연 1.2%이다. 최근 금리 인상기조를 고려하면 추후 가산금 이자율도 높아질 가능성이 높다.

또 연부연납 허가를 받았더라도 납세의무자가 기한 내에 연부연납세액을 납부하지 않거나 제공된 담보가 변경되는 등 납세의무를 제대로 이행하지 않으면 관할세무서장은 연부연납을 취소하고 남은 세액을 전부 징수할 수 있다.

연부연납의 활용 여부는 납세의무자가 처한 상황에 따라 신중하게 결정해야 한다. 납세의무자의 세 부담을 줄여주지만, 그에 따른 비용(가산금, 담보 관련 비용)이 추가로 들기 때문이다. 연부연납 제도를 알아두면 상속세 납부 재원을 마련하기 위해서 상속재산을 저가에 매각하거나 높은 이자를 지불하면서 차입하지 않아도 된다. 연부연납은 실무상 꼭 알아두고 있어야 하는 중요한 제도다.

부가가치세 '배달사고'

전완규 변호사

우리는 물건을 살 때 종종 현금으로 결제하면 물건 값을 깎아 주겠다는 말을 듣는다. 결제 방법, 거래 대금은 거래 당사자가 자유로이 결정할 수 있는 사항이므로, 카드와 현금 중에서 어떤 방법을 선택하든, 그리고 현금 결제에 대해서 할인혜택을 주는 것은 법적으로 문제가 되지 않는다. 물건을 파는 입장에서는 더 많은 대가를 받을 수 있는 기회를 스스로 포기한 것이고, 물건을 사는 입장에서는 적은 대가를 지급할 수 있는 기회를 얻은 것이니, 현금 결제에 대해 할인혜택을 주는 것을 막을 이유는 없다.

그렇다면, 사업자가 더 많은 대가를 받을 수 있는 기회를 스스로 포기하면서까지 할인 혜택을 언급하여 현금 결제를 권유하는 이유가 무엇일까?

카드수수료의 부담을 고려한 것이 그 이유 중 하나로 생각되지만, 그것 이외에 세금을 적게 내기 위한 의도가 깔려 있다는 점도 부인할 수는 없을 것이다. 즉, 사업자 입장에서는 현금을 받는 것이 소득을 적게 신고하여 소득세 등을 적게 내기 위한 가장 쉬운 방법이라고 생각할 수도 있다.

최근 과세당국이 예전보다 소득을 더 잘 파악한다고 해도, 모든 결제를 옆에서 지켜보지 않는 한, 현금으로 이루어지는 모든 경우까지 하나도 빠짐 없이 파악하는 것은 불가능하다. 이러한 현실적인 한계로 인해 현금 결제를 소득을 누락시키는 방법으로 이용할 수 있는 것이다. 사업자가 현금으로 받은 대가를 자신의 소득으로 부가가치세와 함께 세무서에 신고하지 않으면, 현금 거래는 객관적인 증빙이 없어 이를 밝히는 데 어려움이 있으므로, 과세당국은 모든 소득을 파악할 수 없다. 사업자는 바로 이 점에 착안하여 현금 결제로 받은 돈 일부 또는 전부를 자신의 소득에서 제외시켜 소득을 적게 신고할 유혹에 빠진다.

이 과정에서 현금 매출 누락 또는 소득의 과소신고는 부가가치세 과소신고로도 자연스럽게 이어질 수밖에 없다. 왜냐하면, 물건을 사는 자가 사업자에게 지급하는 돈에는 물건 값 이외에 세무서에 납부할 부가가치세가 포함되어 있는데(종종 우리는 물건 값만 생각하고 돈을 지급하나, 이 돈에는 부가가치세법 법리상 항상 부가가치세가 포함되어 있다), 사업자가 현금 매출과 관련하여 받은 부가가치세를 그대로 세무서에 신고, 납부하면 자신의 현금 매출 관련 소득 역시 그대로 세무서에 드러나므로, 소득을 적게 신고하기 위해서는 현금 결제로 받은 일정 부분에 대하여는 부가가치세 역시 신고하지 않아야 되기 때문이다.

소득을 적게 신고하는 사업자는 고객으로부터 받은 '물건 값(정확히 표현하면, 공급가액)'과 '물건 값의 10%에 해당하는 부가가치세' 중 후자, 즉 '부가가치세 상당액'을 세무서에 그대로 납부하지 않고 자신이 갖게 되는 것이다. 이른바 부가가치세 '배달사고'인 셈이다.

사업자가 한 푼도 빠짐없이 세금을 신고, 납부할 것이라는 믿음으로 소비자가 자발적으로 대가를 현금으로 지급하는 것을 탓할 수는 없다. 그러나, 적어도 현금으로 결제하면, 할인혜택을 받을 수 있다는 권유를 받은 경우에는, 그 사업자가 한 푼도 빠짐 없이 세금을 신고, 납부할 것이라고 기대하면서 할인혜택을 받아 들이는 것은 지나친 믿음이다. 이는 한 걸음 나아가 사업자가 세금을 제대로 내지 않는 것을 방치하거나, 탈세를 도와주는 행위라고 볼 여지도 있다.

우리는 '세금이 점점 더 많아지고 있다, 세금이 엉뚱한 곳에 더 쓰여지고 있다'는 등등 점점 더 세금 관련 소식을 많이 접하고 있다. 정부의 세금 정책에 대하여 따끔하고 올바른 비판을 하는 것은 중요하다. 나 스스로 생활 속에서 세금이 올바르게 걷힐 수 있도록 일상생활에 관심을 갖는 것 역시 그것 못지 않게 중요하다. 현금으로 결제하면 할인해 주겠다는 뿌리치기 어려운 유혹을 받았을 때 과연 나의 모습이 어떨지 잠시 상상해 보는 것 또한 나쁘지 않을 것 같다.

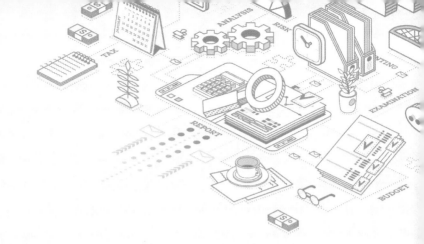

로펌변호사가
들려주는
세금이야기

보다 나은 조세정책을
위한 이야기

갈팡질팡하는 부동산 세제

박정수 변호사

　조세는 기본적으로 국가를 운영할 재원을 조달하는 것을 주된 목적으로 한다. 하지만 조세 부과는 경제주체들의 행위에 영향을 미치게 된다. 특정 산업이나 경제활동에 세금을 새롭게 부과하거나 중과한다면 그 산업이나 경제활동은 위축되고, 반대로 세금을 감면한다면 그 산업이나 경제활동은 활성화된다. 예컨대, 골프장의 경우 회원제 골프장에 대해서는 재산세를 중과하는 등 각종 세금을 무겁게 부과하는 반면 대중제 골프장에 대해서는 가벼운 세금만을 부과하고 있다. 현재 회원제 골프장이 대중제 골프장으로 전환하는 흐름이 계속 이어지고 있는데, 회원제 골프장과 대중제 골프장에 대한 과세의 차이가 이러한 흐름을 만드는 중요한 원인 중 하나라고 평가되고 있다.

　이처럼 조세 부과가 경제주체들에 미치는 영향을 토대로 조세 부과를 정책수단으로 사용하는 경우가 적지 않다. 정부는 부동산 가격이 급등할 때마다 여러 가지 부동산 가격 안정화 대책을 내놓고, 그중에 양도소득세, 보유세 등 중과가 빠지지 않는데, 이것이 대표적인 예이다.

2020년에 주택을 중심으로 한 부동산 가격이 급등하여 사회적으로 문제가 되자 정부는 다주택자에 대한 취득세, 양도소득세, 보유세를 중과하는 등의 부동산 가격 안정화 대책을 내놓았고, 관련 세법의 개정도 신속하게 완료되었다. 이런 정부의 대책 자체만 놓고 보면 시장 상황에 신속하고 단호하게 대응한 것이라고 긍정적으로 평가할 만하다. 그러나 그간 정부의 정책 방향을 전체적으로 살펴보면, 정책의 일관성과 지속성이 결여되었다는 비판적 평가도 적지 않다.

단적으로 2020년에 나온 일련의 대책은 그 이전의 대책과 비교할 때 방향이 완전히 다르다. 2008년 세계적 금융위기 이후 정부는 부동산 시장의 침체에 대한 대책의 필요성과 아울러 부동산 투기 방지에 과도하게 집중하여 설정된 부동산 세제의 정상화라는 관점에서 보유세 부담 완화, 취득세 세율 인하, 다주택자에 대한 양도소득세 중과제도 완화 등의 대책을 내놓았고, 관련 세법의 개정도 이루어졌다. 이러한 기조는 2020년에 다주택자에 대한 세제 강화가 있기 전까지 어느 정도 유지되었다.

부동산 세제 정책의 일관성, 지속성이 결여되었다는 점은 주택임대사업자에 대한 정책의 변화에서 더욱 극명하게 드러난다. 2018년 초에 다주택자가 임대사업자 등록을 하는 경우 각종 세제 혜택 등이 부여되고, 그에 따라 많은 다주택자들이 임대사업자 등록을 하였다. 그런데 정책 시행 후 불과 8개월만에 주택 임대사업자에 대한 세제 혜택을 줄이는 것으로 정책의 방향을 급전환하였다. 시장 상황은 갑자기 변동될 수 있고, 변동되는 시장 상황에 따라 대책도 달라지는 것이 불가피할 수 있다는 점을 고려하더라도 정책의 일관성, 지속성 결여라는 비판으로부터 자유롭기는 어렵다.

최초의 부동산 가격 안정화 대책으로 여겨지는 1967년 '부동산 투기억제에 관한 특별조치법' 이후 현재까지 수립, 시행된 무수한 부동산 정책은 애초에 일관성을 목표로 설정하지 않았고, 시장 상황 등에 따라 투기 억제를 내세워 규제를 강화하기도 하고, 부동산 세제의 정상화를 명분으로 규제를 완화하기도 하는 정책을 반복하였다는 비판을 면하기 어렵다. 정책의 일관성 결여가 부동산 불패신화가 자리잡게 된 주요한 원인이라는 평가마저 제기되고 있다.

토지는 공급에 제한이 있고 국민 모두의 생산과 생활의 기반이 되기 때문에 공공적 성격이 강조된다. 주택은 단순한 자산이 아니라 생활의 터전이라는 점에서 국민의 생활과 밀접한 관련이 있다. 특히 우리나라는 인구에 비하여 상대적으로 국토가 좁고 인구의 대부분이 수도권을 비롯한 대도시에 거주하기 때문에 부동산 가격 안정은 모든 국민의 관심 대상이다. 정부가 중차대한 문제인 부동산 가격 안정을 도모하기 위해 가능한 모든 정책수단을 동원하는 것은 당연할 수 있다. 그러나 그 정책들이 즉흥적, 일시적이고 일관성, 지속성이 결여된 것이라면 정책에 대한 국민들의 신뢰를 기대하기 어렵고, 그만큼 정책의 효과도 반감될 수밖에 없다.

부동산 보유세를 어느 정도 수준으로 할지, 다주택자가 임대사업을 영위하는 것을 장려할지 아니면 규제할지 등에 관하여 근본적인 연구와 검토를 거쳐 장기적이고 일관성 있는 부동산 세제를 마련하는 것이 바람직하다. 그것이 부동산 시장과 국민들의 정책에 대한 신뢰를 높여 부동산 가격 안정화로 이어질 것이라는 의견들이 많다. 정부는 이제라도 이러한 의견들에 귀 기울이는 것이 필요해 보인다.

•

스웨덴은 왜 상속세를 없앴을까?

박정수 변호사

스웨덴은 강력한 조세제도와 이를 통한 보편적 복지제도를 실시하는 모범적 사례로 평가되고 있다. 또 OECD 국가들 중에서도 소득과 부의 분배가 비교적 평등하게 이루어지고 있다고 평가되고 있다. 이런 스웨덴에서 2004년 의회의 만장일치로 상속세와 증여세를 없앴다. 당장은 다소 의외로 여겨질 수 있는데, 그 과정과 이유를 살펴 보면 수긍이 간다.

상속세를 폐지하기 전 스웨덴의 상속세 최고세율은 70%에 달했다. 상속세가 전체 세수에서 차지하는 비중은 0.3~0.5%에 불과하였지만 상속을 통하여 부의 세습과 집중에 따른 폐해를 막아야 한다는 이념에 기초하여 고율의 상속세가 부과되었다. 고율의 상속세 부과를 통하여 부의 세습과 집중의 완화라는 긍정적인 효과를 거둔 것은 분명하지만 부정적 효과 역시 피할 수 없었다. 대표적인 것이 애스트라의 상속 사례이다.

1984년 스웨덴의 제약회사인 애스트라 설립자의 부인이 사망했다. 그 재산은 자녀들이 상속하게 되었는데, 상속재산의 대부분은 회사 주식이었다. 상속인들은 최고세율 70%로 산정된 상속세를 납부하기 위하여 상속한 회사 주식을 매각할 수 밖에 없었다. 이러한 소식이 알려지자 회사의 다른 주주들은 상속인들의 주식 대량 매도에 따라 주가가 하락할 것을 우려하여 그 전에 자신의 주식을 매각하려고 하였고, 그 과정에서 주가가 폭락하였다. 결국 상속인들이 상속한 회사 주식의 매각대금이 상속세액에도 미치지 못하여 상속인들이 아무 것도 상속받지 못하는 결과가 초래되고 말았다.

이러한 사태는 스웨덴의 다른 기업가들에게도 영향을 미쳤다. 세계적인 가구회사인 'IKEA', 우유팩을 발명하여 유명한 'Tetra Pak'의 설립자 등 많은 스웨덴 기업가들이 애스트라와 같은 사태를 겪지 않기 위하여 스웨덴을 떠난 것이다.

정도의 차이는 있지만 고율의 상속세 부과는 스웨덴 중산층에도 부담을 안겼다. 스웨덴 중산층은 주택을 보유한 상태에서 연금으로 노년을 보내는 경우가 많은데, 사망으로 주택이 상속되는 경우 상속인들이 고율의 상속세를 납부하기 위해서는 대부분 주택을 처분해야만 했던 것이다.

많은 기업 또는 기업가들이 스웨덴을 떠나고 중산층에게도 과도한 부담을 지운다는 문제 제기가 지속되었고, 2004년 드디어 의회의 만장일치로 상속세가 폐지되었다. 상속세 폐지 이후 스웨덴을 떠

났던 기업과 기업가들이 스웨덴으로 복귀하였다.

이러한 스웨덴의 사례는 시사하는 바가 크다. 우리나라의 상속세 제도는 상속세를 폐지하기 전의 스웨덴과 유사한 점이 많다. 우리나라의 상속세 최고세율은 50%이다. OECD 35개 회원국 중 11개국이 상속세를 부과하지 않는다는 점을 차지하고라도, 우리나라의 상속세율은 상속세를 부과하는 회원국 중 일본(55%)에 이어 두 번째로 높고, 최대주주 주식에 대한 할증까지 더해지면 최고세율은 실질적으로 65%에 이르기 때문에 사실상 가장 높은 수준으로, 상속세 폐지 전의 스웨덴의 상속세율에 근접한다. 우리나라 전체 세수에서 상속세가 차지하는 비중은 1% 남짓에 불과하고, 전체 상속 건 중 상속세가 부과되는 비중도 2% 남짓에 불과하다. 독일, 일본 등에 비하여 우리나라는 장수하는 기업이 매우 적은데, 고율에 의한 상속세 부담이 주요한 원인 중 하나라고 평가되고 있다. 이러한 여러 사정에 상속세를 폐지하는 세계적인 추세까지 고려할 때, 우리나라도 스웨덴처럼 상속세를 폐지하거나 적어도 세율을 낮추어야 한다는 주장이 계속 제기되고 있다.

그러나 상속세 폐지가 간단하게 결정될 문제는 아니다. 우리나라에서 상속세의 폐지 또는 완화를 반대하는 주장 역시 만만치 않다. 부의 영원한 세습과 지나친 집중 방지는 우리 헌법에서 채택한 기본 가치이고, 상속세는 이 가치를 실현하는 적합한 제도라는 점은 부정할 수 없다. 헌법재판소도 같은 판단을 내렸다. 해외의 한 연구소가 2016년 2월 발표한 자료에 따르면 우리나라의 경우 10억 달러 이상을 가진 부자들 중 상속으로 부자가 된 비중이 74.1%로 28.9% 인 미국보다 훨씬 높다. 즉, 우리나라는 부의 세습과 집중이 매우 높은 수준인 셈이다. '금수저'라는 말이 유행하는 데서 알 수 있듯이 부의 세습, 집중으로 인한 일반 국민들의 건전한 근로의식의 저하, 경제활동의 위축은 묵과할 수 없는 문제이다.

상속세의 폐지, 완화냐 아니면 유지, 강화냐의 문제는 비단 우리나라에서만 논쟁이 되고 있는 것은 아니다. 예컨대, 미국의 경우 대통령에 따라 상속세 폐지와 부활이 반복되고 있고, 스웨덴의 경우에도 현재 상속세를 부활해야 한다는 주장과 논의가 있다고 한다. 우리나라는 고율에 의한 상속세 제도를 유지하면서도 그 단점을 보완하기 위하여 가업승계 제도 등을 도입, 시행하고 있다. 상속세 폐지와 유지 사이에서 더 나은 방안이나 묘안이 있을지, 국민들 대다수가 납득할 수 있는 균형점은 어디일지 고민해 볼 일이다.

상속세 과세여부에 관한 찬반 논의

옥무석 고문

　최근 들어 기업상속(企業相續) 문제가 세제상 주목받는 관심사로 되어있다. 이를 반영하여 전경련과 중견기업연합회 그리고 대한상공회의소 등 경제단체가 재계의 입장을 대변하고, 정부도 이를 국정과제로 선정하여 적극적으로 논의하고 있다. 미국에서도 시간이 조금 지나긴 하여도 세계적 갑부인 빌 게이츠와 워렌 버핏이 자신의 재산을 대부분 공익재단에 기부하면서 상속세 찬반논의에 참가한바 있다. 상속세 과세 정당성에 대한 찬반논의는 영원히 해결되지 않을 과제이긴 하나, 부자나라 미국의 갑부들이 상속세 과세여부를 어떻게 생각하고 대처해 왔는지를 살펴보는 것은 부와 상속에 대한 편린을 이해하는 단초가 될 것 같아 소개하기로 한다.

토마스 페인

　토마스 페인(Thomas Paine, 1737-1809)이 저술한 상식론(Common
Sense)은 소책자(小冊子)이긴 하지만 독립전쟁 기간 중이던 1776년 1
월부터 7월까지 7개월 동안 무려 15만 권이 팔려나가 미국이 영국
으로부터 독립하는데 지대한 사상적 공헌을 한 책자이다. 상식론의
핵심은 정치권력의 승계(Hereditary of political power)에 대한 비판이
다. 그는 정치권력이 승계되면 필연적으로 폭압으로 가게 된다고 비
판하였다. 관련하여 지혜로 유명한 솔로몬왕의 자식은 바보였다는
언급을 추가하여 지혜, 즉 문화권력 세습(Inheritance of wisdom)의
어려움도 서술하고 있다.

　페인은 그의 이러한 정신을 일관하여 경제권력(Succession of
economic power)에도 대입하였다. 이에 관한 그의 저술로는 인간의
권리(The Rights of Man)와 농부의 정의(Agrarian Justice)를 들 수 있
다. 페인은 당시 영국에서 부동산 분배의 불합리를 바로잡기 위하여
도입된 상속세를 옹호하였다. 그의 견해에 의하면 그는 이를 기독교
적 세계관으로 풀이하여 '신이 지구를 창조하고 그의 아들들인 전체
인간을 위하여 이를 상속하게 하였다'고 해석한다. 당시에는 상공업
보다는 농업이 산업의 중심이었고 따라서 생산수단인 토지가 상속재
산의 주류를 이루고 있었다. 그러나 이러한 그의 사상은 보스턴 다
당(茶糖)사건(Boston Tea Party)에서 나타난 정부의 불신, 조세에 대
한 혐오와는 다소 어긋나는 점이 없지 않아 보이나 직접세에 친하지

않았던 당시로서는 이를 조세로는 생각하지는 않았던 것 같다.

당시 페인이 제시한 상속세 안을 보면 상속세로부터 국가재원 (National fund)을 마련하여, i) 모든 성인에게 21세가 되는 해에 국가적 상속(National inheritance)의 상실에 대한 보상으로 15파운드를 지급하고 ii) 사회 보장의 초기형태로 50세 이상의 모든 어르신에게 해마다 10파운드를 지급할 것을 제시하고 있다.

엔드류 카네기

카네기(Andrew Carnegie, 1835 – 1919)는 미국경제가 팽창기이던 19세기 당시 록펠러, 제이 피 모건 등과 함께 미국 재계를 대표하던 인사이다. 따라서 페인과 비교하면 기업활동에 대한 정부의 개입에 비교적 부정적인 사고를 가지고 있었으나 다만 상속에 관하여는 정부입장을 전폭적으로 지지하였다. 특히 그는 부(富)의 찬양(The Gospel of Wealth)을 저술하여 부의 처분에 관한 3가지 방안을 제시한 것으로도 유명하다. 즉 i) 가족인 후손들에게 남기는 방안 ii) 공익목적에 기부하는 방안 iii) 소유재산을 생전에 처분하는 방안을 제시하고 있는데, 제1방안에는 반대, 제2방안은 무난한 방안이라고 평한데 대하여 세 번째 방안은 적극적으로 권장하였다.

비판의 논거를 보면, 후손에 재산을 물려주는 것이 애정에서 나온 것이라면 이는 오도된 자식사랑(Misguided affection)이라고 비판하였다. 재산은 이를 받은 자를 이롭게 하는 것이 아니라 오히려 해한다고 보고 있다. 공직자의 경우 공직에 헌신하기 위하여 부를 포기하는 예가 극히 드문 것도 같은 차원의 이야기라고 한다.

카네기는 상속세에는 공적 재정의 확보라는 당초 의도된 결과와 사적 자선(Private philanthropy)이라는 의도하지 않은 결과라는 극명하게 준별되는 두 가지 의도가 포함되어 있다고 보았다. 그는 부를 공동체를 위하여 신탁된 기금(Trusted fund)으로 파악하여 생전에 각자 재산을 기부하는 방안을 지지하였다. 그에 의하면 자본주의경제에서 자선은 부자와 빈자를 동등하게 만드는 기제로 인식하였다. 그의 유명한 "부자로 죽는 자는 명예롭게 삶을 마감하지 못한 자이다(The man who dies rich dies disgraced)"라는 주장은 이를 대변하고 있다. 카네기는 그의 말대로 실천하여 자신의 재산의 90%를 생전에 처분하고 가족을 위하여는 필요한 정도의 재산만을 신탁하였다. 재미있는 것은 당시 미국에는 전직 대통령가족에 대한 배려가 없었던지 루즈벨트 대통령 미망인을 위하여 별도의 재산을 신탁하고 있는 점이다.

시어도어 루즈벨트

미국의 4명의 대통령의 얼굴이 새겨진 러슈모어(Mt. Rushmore)산 큰 바위 얼굴 주인공의 한 사람인 시어도어 루즈벨트(Theodore Roosevelt. Jr., 1858-1919) 대통령은 미국 상속세제에서도 큰 획을 그은 인물이다.

당시 루즈벨트 대통령 재임기간은 재벌에 대한 반감으로 재계와 정부 간 고도의 긴장관계가 유지되고 있었다. 그 이유는 당시 미국은 20세기 초입 극심한 자본집중현상과 사회의 부조리를 해결하기 위한 개혁주의 성향이 우세하였다. 당시는 미국 경제가 제1세대의 성숙기에 접어든 때이어서 미국 내에서도 반독점의 논란과 함께 기업 상속의 문제와 부에 대한 사회적 부정적 인식문제 등이 중첩된 시기였다. 특히 당시 루즈벨트의 개혁에 대하여 카네기 등은 비교적 수긍하는 입장이었으나, 록펠러 등은 반대가 심하였다. 더하여 개혁에 같은 입장이던 루즈벨트와 카네기 간에도 상속세에 관하여 대립이 심하였는데, 그 이유는 루즈벨트가 자국민에게 감동을 준 카네기의 사회적 부의 환원을 보지 못하고 타계하여 비롯된 오해의 탓인 것 같다. 그러나 그가 쓴 미국 스페인 간 전쟁의 참전기인 "루즈벨트 기병대대 이야기(Rough Rider)"에서는 상속세에 관한 페인과 카네기의 기여에 대하여 옹호하고 있다.

루즈벨트는 1906년 12월 4일 의회에 보낸 교서에서 연방상속세법의 제정을 제안하고 있는데, 현행 미국 연방상속세의 시작이다. 그러나 그의 입론은 카네기의 것과는 사뭇 다르다. 카네기는 부의 축적은 빈자에 대한 특별한 의무로 파악하고 있는 반면에 루즈벨트는 이를 정부에 대한 특별한 부담으로 파악하고 있다. 부를 축적하게 된 계기는 정부가 존재하고 그로부터 외교적 및 경찰적 보호 이외에 일정한 특례를 보장받았기 때문이라고 전제하고 정부로부터 받은 이러한 보호의 대가로 상속세를 납부하여야 한다고 한다. 이는 일면 아담 스미스 국부론(The Wealth of Nation)의 야경국가론에 입론하고 있다고 보여진다. 그러나 루즈벨트도 소규모 상속재산에 대한 과세는 반대하고 있다. 이에 대한 상속세과세는 근검과 절약에 반한다고 보았다. 근검과 절약은 바로 청교도 정신의 표현이고 이는 가족을 부양하는 첫걸음으로 보았기 때문이다. 결국 루즈벨트의 상속세는 록펠러(Rockerfellers), 벤드빌트(Vanderbilts), 에스터(Astors) 그리고 모건(Morgans) 등의 재벌그룹에 대한 규제를 겨냥한 것이다.

워렌 버핏

상속세와 관련하여 미국 역사상 가장 주목을 받은 인사는 오마하의 현인(Oracle of Omaha) 워렌 버핏(Warren Buffett)이다. 워렌 버핏은 2006년을 전후하여 미국사상 최고액이고 자기 재산의 대부분에 해당하는 당시 374억 달러(당시 36조 원)를 "빌 앤 멜린다 게이츠 재단"에 기부하면서 상속세의 존치를 지지하였다.

한편 그의 상속세에 대한 사고는 토마스 페인으로부터 영향을 받았다고 알려져 있다. 페인의 분석과 같이 개인의 재능(talent)으로 나타나는 문화권력이 세습되기 어려운 것이라면 재산(money)도 또한 그러하여야 한다고 보고 있다. 버핏은 세제를 새로이 디자인한다면 어떠한 세제가 바람직한가의 질문에 대하여 소비세를 누진세로 하고 상속세를 중과하겠다고 하였다고 한다. 그러나 소비세를 누진세로 하자는 주장은 동기를 납득하기 어렵고, 또한 당시 의회의 연방상속세 폐지론과는 상치되는 상속세 중과를 일관되게 주장한 점도 의중을 짐작하기 어려운 점이다.

조지 소로스

2001년 미 의회를 통과한 연방감세안에 의하면 연방 재산세인 상속세를 2010년까지 단계적으로 축소하여 2010년에는 완전 폐지하도록 예정되어 있었다. 이 상속세 단계적 폐지입법안은 당시 조지 부시 공화당 정부가 상속세 때문에 상속기업을 처분해야 하는 경우까지 예상된다고 하면서 상속세를 "죽음의 세금"과 다름없다고 비판하는 지지층의 여론을 반영하여 입법화한 것이다.

그러나 이에 대하여 오히려 미국의 유명 갑부들이 상속세폐지로 인하여 빈부의 격차가 더욱 심해지면 건강한 사회가 유지될 수 없을 것이고 상속세를 폐지할 경우 자선단체에 대한 부자들의 기부의욕을 떨어뜨리는 한편 재정 적자를 키워 경제에 장기적으로 악영향을 가져올 것이라는 이유에서 상속세 폐지 반대 청원을 전개한 바 있다.

당시 청원에 서명한 인사에는 록펠러 가문 및 루즈벨트 가문의 후손들과 영화배우 폴 뉴먼, 언론재벌 테드 터너, 국제투자전문가인 조지 소로스(George Soros)와 워렌 버핏, 윌리엄 게이츠 2세(빌 게이츠 마이크로소프트 회장의 부친) 등이 포함되어 있다.

그러나 조지 소로스(George Soros) 주장을 꼼꼼히 읽으면 상속세를 보는 미국의 최상층·중산층 그리고 극빈층의 입장이 혼재되어 있어 이해에 주의를 요한다.

끝맺으며

이상에서 살펴본 미국의 상속세 논쟁을 정리하면 다음과 같이 이해할 수 있다.

원래 미국은 개인의 자유보장과 기업 활동의 자유보장이라는 이념에서 출발한 나라인데, 이는 청교도정신을 이어받은 건국정신 그대로이다. 그러나 아이러니하게도 상속세과세를 지지하고 있는 인사들을 보면 미국 역사상 철저한 애국주의자 아니면 대기업가들이고 자수성가한 인사들이라는 공통점을 지닌다. 소개할 인사들은 시어도어 루즈벨트(Theodore Roosevelt Jr.) 대통령, 미국 건국초기의 정신적 지주이었던 상식론(Common Sense)의 저자 토마스 페인(Thomas Paine), 그리고 철강왕 카네기(Andrew Carnegie) 그리고 최근의 워렌 버핏(Warren Buffett)과 조지 소로스(George Soros) 등이다.

또한 찬반 논의중에는 경제적 상속재산 외에 정치적, 사회적 자본 및 문화적 자본 등 상징자본 또는 권력에 관하여 언급하고 있는 점이 관심을 끌고 있다.

그리고 페인에서 버핏·소로스까지 250여 년간의 상속세 논쟁은 두 가지 논쟁의 축을 가지고 있다고 할 수 있다. 하나는 공평(Fairness)의 관점이다. 이 관점은 '부의 불평등 또는 출발점의 불평등의 제거'를 상속세 과세의 정책적 근거로 삼고 있는 견해인데, 상속세의 소득 재분배 기능을 중시하여 빈부의 격차를 완화하자는데 두고 있다. 다른 하나는 경제적 효율(Economic efficiency)의 관점이다. 상속된 재산은 받은 자에게 상대적으로 비효율적이라는 점이다. 비효율적이라 함은 상속받은 재산이 많을수록 상속인들이 노동을 하지 않으려고 하는 경향을 보이고 재산의 낭비가 심하게 된다는 것이다. 현재 우리나라에서 벌어지고 있는 상속세 과세를 둘러싼 찬반논의에 참고할 만하다.

취중단상

정재웅 변호사

　세계에서 1인당 술 소비량이 가장 높은 나라 순위에서 우리나라가 11위를 차지했다는 언론보도를 몇 해 전 접한 적이 있다. 필자도 평소 술을 즐기는 편이라 우리나라가 상당히 높은 순위를 차지하는데 일조를 했다고 생각한다. 하지만 사람들은 술을 많이 마시는 것에 비해 주류 가격의 상당 부분을 주세가 차지한다는 사실을 아는 사람은 그리 많지 않다. 주세 과세 체계가 어떻게 되는 지를 알면 술맛이 달아날 지 모르나, 그래도 호기심을 해소할 안주거리 정도는 될 것이라는 생각이 든다.

　주세 과세 체계는 흔히 주류의 양에 주종별 세율을 곱해 산출하는 종량세와 주류 가격에 주종별 세율을 곱해 산출하는 종가세 방식으로 구분된다. 종가세 방식을 취하고 있는 나라는 터키, 멕시코 정도에 불과하고, 나머지 대부분의 나라는 종량세 방식을 취하고 있다고 알려져 있다.

현재 우리나라의 과세 체계는 종가세, 종량세가 혼합된 방식이고, 종가세에서 종량세로 전환하는 과도기에 있다고 할 수 있다. 우리나라 국민이 즐기는 주종 가운데, 맥주와 탁주만 종량세 방식이고, 소주, 위스키, 와인을 포함한 나머지 주류는 모두 종가세 방식이다.

우리나라 주세법은 1949년에 제정되었는데, 당시 주세법은 '맥주 매1석 2만 원', '소주 매1석 1만 1천 원'과 같이 종량세 방식을 취하고 있었다. 그후 1967년 종가세 방식으로 변경되어 50년 이상 유지되어 오다가, 2020년부터 주류 산업 경쟁력 강화 목적으로 탁주와 맥주만 종량세 방식으로 변경되었고, 소주, 위스키 등 나머지 주류는 종가세 방식을 그대로 유지하고 있다.

맥주의 경우 종전 종가세 방식을 그대로 유지하게 되면, 국산 맥주와 달리 홍보·마케팅 비용이 주세 과세표준에 포함되지 않는 수입 맥주의 가격경쟁력을 국내 주류업체가 극복하기 어려운 수준에 이르렀다는 판단하에 맥주 시장에서의 국내 주류업체의 경쟁력 회복을 위해서 종량세 방식으로 전환한 것으로 알려져 있다. 탁주는 종가세 방식하에서의 적용 세율이 와인 30%, 맥주 72%인 것에 비해 겨우 5%에 불과해서 주세 체계 변경이 제조업체나 소비자에게 미치는 영향이 가장 적어 맥주와 함께 종량세 방식으로 변경되었다.

주세 체계를 종가세로 할지 종량세로 할지는 기본적으로 정책 문제에 속하지만, 전 세계 대부분의 나라가 종량세를 취하는 데에는 나름의 이유가 있다고 생각한다.

우리나라가 약 50년전 종가세 방식을 취한 주된 이유는 '세수 증대'에 있었다. 즉 우리나라 경제사정이 매우 어려웠던 시기에 국가의 세수 증대를 위해 주세 과세 체계를 종가세로 변경하였고 그것은 분명 국가경제 발전에 일조를 하였다. 그리고 종가세 방식은 고가의 술일수록 세 부담이 증가하므로 과세형평 실현에 적합하고, 고가주인 수입 위스키 등에 대한 높은 세 부담을 통해 상대적으로 가격이 낮은 제품 위주의 국내 주류시장을 보호할 수 있는 장점이 있는 것 역시 사실이다.

그러나 주세가 내국세에서 차지하는 비중은 1967년 당시 8%를 상회하던 것이 현재는 약 1~2% 정도로 크게 떨어졌을 뿐만 아니라 국민의 건강 및 주류선택권 보호, 국내 주류산업 보호의 중요성이 갈수록 커짐에 따라 우리나라가 1967년 주세법을 종가세 방식으로 변경한 취지는 크게 퇴색되었다.

서민들이 부담 없이 소주를 즐길 수 있는 것 못지 않게 술소비 억제를 통해 국민의 건강을 증진하는 것이 중요시되고 있고 거기서 한 발 더 나아가 국민건강증진은 국가의 의무로까지 받아들여지는 시대가 되었다. 또 국내 술도 다양화하고 고급화해서 국제적 경쟁력을 확보해야 된다는 사회적 요구가 커지고 있다.

이와 같은 새로운 시대의 새로운 요구에 부응하기 위해서는 우리나라 대표 주종의 하나인 소주는 물론 와인, 위스키에 대해서도 종량세 방식으로의 과세 체계 전환이 필요하다고 생각한다.

주세에 대하여 종량세를 도입한 국가들은 일반적으로 고도주·

고세율 원칙에 따라 알코올 도수를 기준으로 높은 도수의 술에는 높은 세율을 적용하고 낮은 도수의 술에는 낮은 세율을 적용함으로써, 높은 도수의 술 소비를 억제하고 낮은 도수의 술로 소비를 전환하는 정책을 취하고 있는데, 전면적인 종량세 도입에 따른 부작용은 이와 같은 세율 조정 등을 통해 충분히 해결이 가능하다.

주세 과세 체계를 어떻게 취하느냐에 따라 술의 가격이 변동되고 그것은 술 소비율에 직접적인 영향을 주게 되므로 국내주류업체와 해외주류업체 사이에서 뿐만 아니라 서로 다른 종류의 주류를 생산 취급하는 국내주류업체들 사이에서도 주세 과세 체계를 두고 첨예하게 이해가 대립될 수밖에 없다.

하지만 주세는 담배소비세와 마찬가지로 국민건강증진을 위해 과도한 소비를 억제하기 위한 정책수단으로서의 기능을 가질 필요가 있으므로, 그 과세체계는 주류업체들의 이해관계를 따지거나 과거에 우리 정부가 그랬던 것처럼 세수 증대라는 정부의 이익을 위한 방향으로 결정되어서는 안 된다.

과연 어느 과세 체계가 국민에게 보다 이익이 되고, 국민과 사회의 변화된 시대적 요구에 부응할 수 있는 것인지를 철저하게 따져야 한다. 그것이 우리나라가 조세 선진국으로 한 걸음 더 나아가는 길이다.

정부의 부동산정책과 헌법상 비례의 원칙

정재웅 변호사

서울을 비롯한 수도권 아파트 가격이 급등할 무렵, 정부는 6·
17 부동산대책, 7·10 부동산대책 등을 연달아 발표했다. 6·17 부
동산대책에는 주택담보대출 규제를 강화하는 것 이외에도 법인을 통
한 투기적 주택 구입을 막기 위한 법인 소유 주택에 대한 종부세율
대폭 인상 등의 내용이 포함되어 있고, 7·10 부동산대책은 주택의
취득(취득세) 보유(종부세) 양도(양도세) 등 부동산 거래의 모든 단계
의 세금을 대폭 인상하는 내용을 담고 있다. 부동산 투기수요를 최
대한 억제함으로써 단기적으로 주택 가격을 안정시키고 장기적으로
주택 가격을 하향시키려는 정부의 부동산정책 중심에 조세라는 수단
이 자리잡고 있음을 알 수 있다.

조세는 개념상 국가나 지자체가 살림살이의 재원을 조달할 목
적으로 반대급부 없이 법률에 규정된 과세요건에 해당하는 모든 납

세의무자에게 부과하는 금전급부의무를 의미하므로, 재원 조달의 목적이 아니라 다른 정책적 목적을 위해 조세제도를 이용할 수 있느냐에 대해 의문이 있을 수 있다. 하지만 현대의 대부분의 국가는 조세제도를 통해 단순히 국가의 재원만을 조달하는 것에 그치지 않고, 여러 정책적 목표를 달성하기 위한 수단으로 조세제도를 널리 사용하고 있을 뿐만 아니라, 일정 부분 효과도 있으므로 이점에 대해 크게 반론을 제기할 생각은 없다.

국가의 재원조달을 주된 목적으로 하는 종래의 '국고적 조세'와 구별하여, 국가가 일정한 정책목표를 달성하거나 국민의 행위를 일정한 방향으로 유도하기 위하여 부과하는 조세를 '유도적 조세'라고도 부른다. 국민의 건강을 위해 담배소비를 억제하기 위한 담배소비세나 우리나라에서 부동산 투기행위를 억제하기 위해 두었던 부동산투기억제세, 토지초과이득세, 현행 종합부동산세 등이 대표적이다.

유도적 조세는 정부의 정책방향을 시장에 분명하게 전달하는 대신 다른 행정명령 등 직접적인 정책수단에 비해 시장개입 수준이 상대적으로 낮다는 장점이 있기는 하나, 일정한 허용 한계를 설정하지 않을 경우 조세법의 기본원칙인 응능과세 원칙이나 조세의 중립성을 해칠 위험을 안고 있다. 즉 유도적 조세는 담세력이 아닌 정부의 정책적 목표에 따라 세금이 부과되므로 능력에 따른 공평한 세부담의 실현이 어렵고, 시장에서의 경제적 의사결정에 영향을 주게 되므로 "조세는 시장에서 이루어지고 있는 효율적 자원배분에 대하여 중립적이어야 한다"는 조세의 중립성을 해칠 위험이 있는 것이다.

때문에 유도적 조세에는 일정한 한계 설정이 반드시 필요하고, 이는 결국 기본권제한의 입법한계인 비례의 원칙에서 찾아야 할 것이다.

정부의 정책목표가 정당하고 그 정책을 달성하기 위한 수단으로 조세를 이용하는 것이 가능하다고 하더라도, 국민들의 피해를 최소화할 수 있는 다른 방법은 없는 것인지, 그리고 그와 같은 수단을 통해 얻는 공익과 그로 인해 침해되는 국민들의 사익 사이에 균형이 유지되는지를 잘 따져 보아야 된다. 만약 정부의 부동산가격 안정을 위한 조세정책보다 국민들의 피해를 최소화할 수 있는 다른 방법이 있거나 그와 같은 수단을 통해 얻는 집값 안정이라는 공익보다 그로 인해 침해되는 국민들의 재산권 등의 기본권이 더 크다면 그와 같은 유도적 조세정책은 비례의 원칙에 반하는 것으로 허용되어서는 아니 될 것이다.

집 값이 급등할 시기의 정부 부동산정책은 아파트 가격이 급등하는 속도와 같은 속도로 수립 발표되고 있다는 느낌을 지울 수 없다. 집값 안정의 중요성을 고려한 정부의 신속한 대책 수립의 노력과 의지만큼은 충분히 이해되지만, 비례의 원칙에 입각한 정부 정책의 파급효과를 깊이 있게 살펴볼 시간적 여유가 과연 있었을지 걱정된다.

전국의 아파트 가격이 급등하더라도 정부의 정책은 장기적인 안목과 계획 하에서 응능과세 원칙이나 조세의 중립성이라는 조세법의 본질과 기본원칙을 해치지 않는 범위 내에서 비례의 원칙에 부합하는 방향으로 나아가는 것이 바람직하다. 앞으로 이러한 점을 염두

에 두고 정책이 수립되고 집행되는 헌법정신에 충실한 대한민국의
모습을 기대해 본다.

새로운 조세 패러다임의 등장

전완규 변호사

PE(Permanent Establishment), Google's Tax, BEPS(Base Erosion and Profit Shifting), 그리고 Digital Tax(OECD Pillars). 최근 조세분야에서 자주 언급되는 용어들인데, 조세전문가에게도 익숙하지 않은 것들이다. 그 의미가 무엇이고, 어떻게 과세가 이루어지는 것인지 궁금하다.

조세는 전통적으로 개별 국가의 과세권이 존중되는 분야이다. 그래서 자국민, 자국 기업, 자국 영역에서 발생한 소득에 대하여는 다른 나라의 구애를 받지 않고 세금을 부과할 수 있다. 여기서 다른 나라 기업이 자국의 영역에서 발생한 소득에 대하여 세금을 부과하는 근거로 'PE(고정사업장)'가 탄생하였다. 자국에 고정사업장이 있는 외국 기업에 대하여 국내원천소득에 대하여 세금을 부과한 것이다.

인터넷 거래를 통해 매출을 창출하는 기업은 PE에 착안하여 세율이 낮은 국가에만 사업장을 둠으로써 많은 절세 혜택을 누렸다. 대표적인 기업이 구글인데, 특정 국가에 PE를 두지 않고 사업을 함으로써 절세 효과를 본 것이다. 이에 대응하여 PE에 얽매이지 않고 구글 등 인터넷 기업에 세금을 부과하겠다는 내용으로 이른바 'Google's Tax(구글세)'라는 개념이 새로이 등장하였다.

동시에 많은 국가들이 자국의 영역에서 발생한 소득에 대해 세금을 부과하고자 고민하였고, 급기야 어느 나라에서도 과세되지 않는 일이 발생하지 않도록 하는 방안을 찾는 과정에서 'OECD BEPS 프로젝트(다국적 기업의 세원 잠식을 통한 조세 회피 방지대책)'가 등장하였다. 개별 국가의 과세권을 존중하면서 지금까지 쌓아온 조세 논리를 붕괴시키지 않고 다국적 기업, 특히 온라인, 모바일 등 플랫폼에 기반을 둔 기업에게 합리적으로 세금을 부과할 수 있는 방법을 지난 몇 십년 동안 세계 각국은 머리를 맞대고 고민한 것이다.

그 결과물이 바로 'Digital Tax(디지털세는 구글, 아마존, 페이스북 등 온라인·모바일 플랫폼 기업의 자국 내 디지털 매출에 대해 법인세와는 별도로 부과하는 세금을 의미한다), 즉 OECD Pillars'이다. 이러한 디지털세가 최근에 공식화되었다. G20 정상들이 2021년 10월 30일 이탈리아 로마에서 만나 디지털세를 공식화하는 합의안을 공동성명으로 채택한 것이다. 합의안은 적용대상 기업과 과세권 배분비율을 골자로 한 'Pillar 1'과 글로벌 최저한세 도입을 중심으로 한 'Pillar 2'로 구성되어 있다.

Pillar 1은 연간 매출액 200억 유로(27조 원), 이익률이 10%이 이상인 대기업 매출에 대한 과세권을 소재국 정부에 배분하는 내용이다. 해당 기업들은 오는 2023년부터 매출 통상이익률(10%)을 넘는 초과 이익의 25%에 해당하는 세금을 각 시장 진출 국가에 내야 한다. Pillar 2는 조세 회피를 방지하기 위해 최소 15% 이상의 글로벌 최저한세율을 도입하는 내용이다. 매출액 7억 5000만 유로(1조 원) 이상 다국적 기업은 세계 어느 곳에서든 사업을 이어가기 위해서는 15% 이상의 세금을 반드시 내야 한다. 만일 세율부담이 15% 미만인 국가에 자회사를 두면 차액만큼을 모회사가 있는 국가에 세금을 추가로 납부해야 한다. G20 정상들은 이러한 Pillar 1, 2의 내용을 담은 디지털세를 오는 2023년 최종 발효를 목표로 세부기준 협의, 각 국가 간 인정 절차를 거치기로 했다.

지금까지는 두 나라에 영향을 미치는 세금은 두 나라가 각자 결정하고, 다른 나라에 미치는 영향은 두 나라가 서로 협의해서 조정하는 방향으로 진행되어 왔다. 그러나 이번 OECD Pillars로 구성된 디지털세는 국가들 간의 이견, 이해관계를 극복하고 세계 140여 국가의 지지를 토대로 진행되었다는 점에서 국제조세 체계 원칙을 새로이 정립한 조세 역사상 커다란 이정표이다. 물리적 사업장이 없어도 외국기업에 대하여 과세를 할 수 있게 되었고(Pillar 1), 각 나라의 조세 주권 아래에서 정해져 온 법인세율에 글로벌 최저한 세율을 적용한다(Pillar 2)는 점에서 새로운 조세 패러다임이 등장하였다고 볼 수 있다.

지금 당장은 규모가 큰 일부 다국적기업에만 적용된다. 하지만,

언젠가는 국제거래를 하는 모든 기업들이 통일화된 하나의 조세를 적용받는 날이 올 것 같다.

호랑이 보다 더 무서운 세금의 두 얼굴

전완규 변호사

　　세금은 호랑이 보다 무섭다. 공자님께서 하신 말씀이라고 한다. 이는 세금이 현대사회에서 국가 운영에 필요한 재정을 조달하기 위하여는 필수적인 것임에도 세금이 공평하고 적정하게 부과되지 않아 국민들의 삶을 파괴하는 경우를 두고 한 말일 게다. 그러나 보통 사람들은 이러한 세금의 본질적 기능에 대하여는 관심이 없고 막연하게 세금은 국가가 개인의 재산을 빼앗아 가는 것이라는 생각을 가지고, 어떻게 하면 세금을 납부하지 않거나 적게 낼 수 있는 지를 궁리한다.

　　이러한 생각은 별 탈이 없는 평온한 시절에도 느끼는 것인데, 코로나 사태로 가계나 기업 모두 경제적으로 어려운 상황에 처한 작금의 상황에서는 그 생각이 더욱 클 것이다. 그럼에도 불구하고 처한 상황을 무시한 채 세금을 법규정에 따라 그대로 부과하고, 징수한다면, 국민들의 조세에 대한 부정적 생각, 나아가 조세 저항은 더욱 커질 수밖에 없다.

코로나는 우리나라뿐만 아니라 전 세계에 영향을 미치고 있고, 세금에 대한 부정적인 생각은 우리나라에 한정된 것이 아니므로 이러한 상황을 인식한 과세당국은 세금에 대한 고삐를 슬그머니 늦추어 줌으로써 숨통을 트여 주고, 회복의 기회를 제공하려는 노력을 하고 있다.

OECD(경제협력개발기구)는 OECD와 G20 회원국에 조세정책의 가이드라인을 제공하고자 '코로나19 위기에 대한 조세 및 재정정책 보고서'를 발간하였는데, 그 보고서에 언급된 주요 세정 지원조치 중에는 법인세 등 신고 및 납부기한 연장, 부가가치세 등 조기 환급, 이월결손금 한도 상향, 사회보험료 부담금 완화 등이 눈에 띤다.

우리나라 역시 코로나19 파급영향 최소화와 조기극복을 위한 세제지원 방안을 담아 2020년 3월 23일 조세특례제한법을 개정하였다. 그 주요 내용은, ① 감염병 특별재난지역 소재 중소기업 소득·법인세 30~60% 감면, ② 소규모 개인사업자(부가가치세 제외 연매출 8,000만 원 이하) 부가가치세 한시 감면, ③ 간이과세자 부가가치세 납부면제 기준금액 한시 상향(3,000만 원 → 4,800만 원), ④ 상가임대료를 인하한 임대사업자에 대해 인하액의 50% 세액공제, ⑤ 2020년 3~6월 중 승용차 구매 시 개별소비세 70% 한시 인하, ⑥ 2020년 3~6월 중 신용카드 등 사용금액 소득공제율 2배 한시 확대, ⑦ 기업 접대비 한도 한시 확대, ⑧ 해외진출기업이 국내사업장 신설 외에 기존 국내 사업장을 증설하는 방식으로 국내로 이전·복귀하는 경우 유턴기업 세제지원(소득·법인세 5년/3년간 100% + 추가 2년간 50% 세액감면) 적용 등이다.

코로나19와 같은 초유의 위기상황을 극복하기 위해 그 상황에 맞는 다양한 세제 지원 정책을 세우고 바로 실행할 필요가 있다는 점에 대하여 이론을 제기할 사람은 없다. 그러나 이러한 세제 지원은 세금이 국가 운영에 필요한 재원 조달이라는 기본적 기능을 무력화시킬 가능성이 있다는 점을 놓치기 쉽다. 만일 세제지원이라는 명목으로 세금을 감면하고, 그 폭이 크게 되면, 필연적으로 세수감소라는 결과를 초래할 수밖에 없다.

한국경제연구원은 벌써 2020년 법인세가 2019년 기업실적 악화와 2020년 코로나19 사태로 인해 2020년 정부 예산액 64조 4,000억 원보다 무려 7조 9,000억 원이 부족한 56조 5,000억 원으로 예상하고 있다. 무려 12.3%에 해당하는 거액의 법인세 세수 결손이 발생할 것으로 전망한 것인데, 문제는 세수 결손이 법인세에 그치지 않고 다른 세목에서도 발생한다는 것이다. 2020년에는 대부분의 기업실적이 더 악화되고, 소득과 소비가 2019년보다 축소 또는 위축될 것이 분명하므로, 소득세, 부가가치세 역시 적게 징수될 것임은 쉽게 예상할 수 있다.

우선 먹기에는 곶감이 달다고 당장 세제지원이라는 달콤함을 누리다가 언젠가는 누군가의 추가적인 부담이라는 부메랑으로 돌아오게 된다. 호랑이 보다 더 무섭다는 세금이 숨겨진 발톱을 뒤늦게 드러내는 셈이다. 더군다나 그러한 부담이 현재 세제지원으로 혜택을 받은 세대가 아니라 다음 세대에 전가된다면 더 무서운 호랑이로 등장하게 될 수도 있다. 이러한 점에서 세제지원이라는 달콤함만을 추구할 것이 아니라, 그 후폭풍으로 발생 가능성이 높은 추가적인 부담에 대한 부분도 함께 고려하는 균형적인 사고가 필요해 보인다.

차별 취급을 받는 주식 양도소득에 대한 과세

이경진 변호사

소득이 있는 곳에 세금이 있다. 누구나 아는 얘기다. 그런데, 개인이 얻는 모든 소득이 세금 앞에서 평등하게 취급을 받는 것은 아니다. 특히, 부동산이나 주식, 그 밖에 자산의 거래로 인하여 발생하는 양도소득의 경우 모든 양도차익에 대하여 세금을 부과하지도 않고, 과세하더라도 동일한 방식으로 과세표준을 산정하거나 동일한 세율이 적용되어 과세되는 것은 아니라는 점에서 그 차이는 크다.

이러한 소득에 대한 과세상 차등취급은 우리나라 소득세법이 모든 소득에 대해 과세하는 것이 아니라 법률에서 과세대상이 되는 소득을 제한적으로 열거하는 이른바 열거주의 방식을 채택하고 있으며, 양도소득의 경우 대상 자산이 가지는 개별적 특수성을 고려하여 과세여부나 방식을 정한 것에 기인한다. 그중 특히 두드러진 것이 주식인데, 2025년부터 기존과 달리 주식 양도차익에 대한 과세방식이 크게 달라지는 것으로 법이 개정되면서 다시 한 번 주식 양도소득에 대해 어떻게 과세를 하는 것이 합리적이고, 과세형평을 해치지 않는 것인지 세간에 논란이 일고 있다.

종전 주식 양도차익에 대한 과세는 기본적으로 증권시장 밖에서 거래하는 경우와 증권시장에서 대주주가 거래하는 경우를 과세대상으로 하였다. 그 가운데, 전자의 경우는 별다른 논란이 없었으나, 후자의 경우, 즉 대주주의 범위를 어떻게 정하느냐를 두고 끊임없이 논란이 이어져 왔다. 그러한 논란 속에 그동안은 과세대상이 되는 대주주의 범위를 넓히는 방향으로 법 개정이 계속되어 온 것이 현실이다. 이와 같이 대주주 해당 여부를 기준으로 주식 양도소득에 대한 과세를 하고, 대주주 해당 여부를 매년 말을 기준으로 판단하다 보니, 투자자들은 대주주 요건에 해당되지 않기 위해 매년 말 보유 주식을 대규모로 매도하였다가, 며칠 후 해가 바뀌면 다시 매수하는 촌극이 반복하여 벌어진다.

2025년부터는 주식양도차익 과세가 이와 같은 대주주 중심의 과세체제에서 벗어나 새로 도입되는 금융투자소득세로 과세된다고 하니 이러한 일은 일어나지 않을 듯하다. 그렇다면, 새로 도입될 금융투자소득세는 어떻게 과세되는 것인가?. 기존에는 과세대상 소득을 종합소득, 퇴직소득, 양도소득 등으로 분류하였으나, 금융투자소득세는 '기존의 주식 및 채권의 양도소득에 해당하는 소득 등'을 포함하는 '금융투자소득'을 과세대상으로 한다. 금융투자소득의 경우 이익이 다년간 누적되어 발생하고 금융투자 손실의 가능성을 고려하여 종합소득 등과 별도로 구분하여 '분류과세'하도록 하고, 금융투자로 발생하는 모든 이익과 손실을 합산하고 발생한 결손금은 과세표준 계산시 5년간 이월공제할 수 있도록 하였으며, 2025. 1. 1. 이후 발생하는 소득분부터 이를 적용하도록 하였다. 기본공제의 경우 국내 상장주식, 공모 주식형펀드를 합산하여 5천만 원, 기타 금융투자소득은 250만 원이고, 세율은 20%(단 과세표준 3억 원 초과분은 25%)로 하는 것이 그 내용이다. 따라서 2025년부터 주식으로 연 5천만 원 이상 소득을 얻은 개인투자자의 경우 기본공제 5천만 원을 뺀 나머지 양도차익의 20%(3억 원 초과분은 25%)를 양도소득세로 부과하기로 한 것이므로, 만약 연 1억 원의 차익을 남겼다면, 5천만 원을 뺀 나머지 5천만 원에 대한 20%의 세금이 부과되는 셈이고, 지방소득세까지 포함하면 22%의 세금이 붙는다고 보면 된다.

금융투자소득세의 도입은 현행 세법이 주식 양도소득 중 일부에 대해서 양도소득, 그 외 주식을 제외한 나머지 금융소득의 경우 이자 또는 배당소득의 대상이기도 하고 비과세인 경우도 있는 등 다소 복잡하게 운영되던 세제를 금융투자소득으로 정리하면서 간명하게 함과 동시에 손익을 통산할 수 있게 한 점, 결손을 이월공제할 수 있게 한 점에서 환영할 만하다.

아울러 2023년부터 인하될 계획이었던 증권거래세는 1년 앞당겨 2022년부터 단계적으로 인하하기로 하여, 당초 0.25%인 세율을 2022년에는 0.23%로 낮추고, 2023년에는 0.20%로 낮출 예정이라고 한다. 그러나 증권거래세는 주식 양도소득세의 대안으로 도입되었다는 태생적 한계로 인해 이중과세 논란에서 자유롭지 못하므로 모든 금융소득에 대하여 전면 과세하기로 방침을 정한 이상 증권거래세 세율을 단계적으로 인하는데 그칠 것이 아니라, 증권거래세 자체를 폐지함이 바람직할 것으로 보인다.

다만, 2022년 대통령 선거로 정권이 교체되고, 코로나로 인한 경제위기가 심화되면서 2023년부터 도입하고자 하였던 금융투자소득세를 2년 더 유예하였으나, 과연 금융투자소득세가 예정대로 2025년부터 시행될 지는 두고 볼 일이다. 그러나, 금융투자소득세의 시행이라는 큰 흐름을 막는 데는 한계가 있고 언젠가는 다가올 현실일 수밖에 없다. 오히려 금융투자소득에 대한 과세에도 불구하고 금융시장이 활성화되기 위해서는 방법론적 측면에서도 손익합산, 이월결손 등이 타당하게 구현될 수 있는 구체적인 방안이 필요하다고 보여지며, 이러한 준비작업을 통해 새로운 세제가 성공적으로 안착되기를 기대해본다.

공평하고 신뢰받는 종합부동산세법을 위하여

이경진 변호사

최근 몇 년간 부동산 가격의 급등으로 극히 일부의 자산가들에게만 해당되던 종합부동산세 납세의무가 소위 똘똘한 아파트 1채를 보유한 국민들 대부분에게 현실로 다가옴에 따라 이제 종합부동산세를 둘러싼 논란은 국민들 누구나 관심을 갖는 이슈로 등장하게 되었다.

종합부동산세란 무엇이고 언제부터 생긴 것일까? 종합부동산세는 보유세의 일종으로 고액의 부동산 보유에 대해 중과세함으로써 국가재정 수요를 충당하고 부동산의 과도한 보유 및 투기적 수요 등을 억제하여 부동산 가격을 안정시키고자 하는 유도적·형성적 기능을 가진 정책적 조세이다(헌법재판소 2008. 11. 13. 선고 2006헌바 112등 결정). 부동산 보유에 대한 과세는 1962년 지방세법이 대지, 염전, 광천지 등 재산세를 부과한 것으로 시작되어 1989년 개정된 지방세법에서 토지분 재산세를 폐지하고 종합토지세가 독립세목으로 신설

되었다. 이후 2005년 주택가격 안정을 위한 부동산 보유세제 개편의 일환으로 '종합부동산세법'이 제정되어 일정 가액을 초과하는 주택 및 종합합산대상, 별도합산대상인 토지에 대해 종합부동산세를 부과하는 한편 2005년 개정된 지방세법은 종전의 종합토지세를 폐지하고 재산세를 부활시켰다.

이러한 종합부동산세에 대하여는 여러 차례 위헌법률 심판제청이나 헌법소원이 제기되어 왔다. 헌법재판소는 이 중 혼인한 부부 또는 가족과 함께 세대를 구성한 자에게 더 많은 조세를 부과하게 되는 결과를 초래하는 '세대별 합산과세 규정'에 대해 위헌으로 결정하였고, 주택 소유의 목적과 보유 주택 수를 따지지 않고 주택에 대한 재산세 과세표준이 일정 금액을 초과하는 자에 대해 일률적으로 상대적 고율인 누진세율을 적용하여 부과하는 '주택분 종합소득세 과세규정'에 대해 헌법불합치 결정을 내린 바 있다. 이후 종합부동산 세법은 위 결정을 반영하여 개인별 합산으로 변경하고, 만 60세 이하 또는 5년 이상 장기보유 1세대 1주택자에 대한 세액공제 등을 신설하였다.

전 정부에서는 서민의 주거안정을 위하여 주택가격 상승을 억제하고자 다주택자에 대한 양도소득세 및 취득세제를 개편하여 부동산거래에 따른 세제를 강화하는 한편, 부동산 과세표준 현실화를 통하여 재산세와 종합부동산세 등 부동산 보유에 따른 세제 역시 계속적으로 강화하여 왔다. 특히 최근 2020년, 2021년에는 종합부동산세법을 개정하여 다주택자와 법인에 대한 투기수요를 차단하기 위해 주택분 종합부동산세의 부담을 강화하였다.

　　이와 같이 강화된 부동산세제에 따라 부과된 고액의 종합부동산세에 대해 최근 납세자들이 불복하여 행정소송을 제기하면서, 급기야 관련 법조항에 대한 위헌소송을 제기하기에 이르렀다. 위헌소송은 다주택자에 대한 부동산거래세와 부동산보유세에 대한 중과세가 거주이전의 자유, 재산권 보장, 직업선택의 자유 등의 기본권을 침해하였다는 점 및 종부세 부과시 과세표준을 정할 때 공정시장가액비율을 시행령에서 규정한 것이 조세법률주의에 위배되는가 여부 등이 그 쟁점이다. 예전과 달리 다른 기본권과도 폭넓게 연관되어 있어 추후 헌법재판소가 종합부동산세 위헌 여부에 대해 어떤 결정을 할지 주목할 만하다.

　　위와 같은 납세자들의 불만을 잠재우고자 2022년 대통령 선거 당시 여야 모두 선거 공약 중 하나로서 종합부동산세 등을 포함한 부동산세제 개편을 내걸었고, 2022년 출범한 새 정부에서도 세제 개편안을 제시하였으나 2022년 9월 현재 개편안 중 1세대 1주택과 관련된 부분만 국회에서 통과된 상태이다.

　　개정된 종합부동산세법은 부득이한 사정이 있거나 투기 목적과 관련이 없음에도 1세대 1주택자에서 배제되어 세 부담이 급격히 증가하는 문제 및 현금 유동성이 부족한 고령자 등을 고려하여 다음의 내용을 포함하고 있다. 먼저 1세대 1주택자 주택 수 종합부동산세 특례를 신설하여, 일시적 2주택, 상속 주택, 3억 원 이하의 지방주택 중 해당 요건을 충족하는 경우 그 주택은 1세대 1주택 판정시 주택

수에서 제외하도록 하였다. 둘째, 일정한 요건을 갖춘 고령자·장기보유 1세대 1주택자에 대해서는 해당 주택을 상속·증여·양도하는 시점까지 종합부동산세 납부를 유예할 수 있도록 하는 종합부동산세 납부유예를 도입하여 실수요자의 경제적 부담을 낮추도록 하였다.

조세 제도는 국가운영을 위한 재원조달 목적으로, 또한 경제성장의 혜택이 각 계층에서 공평하게 재분배되도록 유도하는 수단으로 사용되고 있다. 그러나 조세는 국민의 헌법상 재산권에 직접 영향을 미치므로 그 근거를 명확히 규정하여 납세자가 조세에 대해 예측가능하고 신뢰할 수 있도록 운영되어야 한다. 종합부동산세 강화 등의 부동산 중과세 정책으로 비정상적인 부동산시장을 정상화하는 정책은 외국사례에서도 살펴볼 수 있지만 이러한 중과세 정책을 그대로 유지, 강화해 나가는 것이 적절한 것은 아닐 것이다. 당초 대통령 선거 공약으로 내세운 개편안 중 앞서 언급한 일부만 법 개정이 이루어지고, 나머지 세제 개편안에 대해서는 어떻게 될지 아직 물음표 상태이다. 납세자들 또한 정책이 정해지지 않았으므로 자신이 보유한 부동산에 대한 과세가 어떠한 방향으로 나아갈지 오리무중일 수밖에 없다. 앞으로의 세제 개편은 지켜보아야 하겠지만 그 방향은 주택에 대한 세제 강화보다는 궁극적으로 주택의 취득, 보유, 처분단계에 따라 조세법의 입법취지와 목적, 조세법의 기능에 따라 종합부동산세를 포함한 부동산 보유세 및 거래세 제도를 합리적으로 개편하여 조세법률주의에 의한 법적 안정성과 예측가능성이 담보되고 공평과세원칙과 신뢰보호원칙이 담보되기를 기대한다.

너무 자주 바뀌는 신탁과세 제도

김용택 변호사

2020년에도 신탁에 대한 과세에 중대한 변화가 있었다. 재산세, 종합부동산세, 부가가치세에서 납세의무자가 변경되었고, 법인세에서는 법인과세방식이 도입되었다. 상속세에서는 요즘 이슈가 되고 있는 유언대용신탁 관련 부분이 명문으로 도입되었다.

신탁에서 사용하는 용어는 다소 생소하고 법리도 복잡해 이해하기가 쉽지 않다. 여기에 세금문제까지 더해지면 더욱 어렵다.

신탁이란 재산의 소유권을 타인(수탁자)에게 이전하여 그 관리 등을 맡기는 것으로, 재산의 효율적 관리, 신탁재산의 독립성으로 인한 강제집행 방지, 설계상의 유연성 등이 장점으로 꼽힌다. 부동산이나 주식의 명의만을 타인에게 넘겨 두는 이른바 '명의신탁'도 있으나, 명의신탁은 신탁의 취지를 대외적으로 공시하는 신탁과 달리 그 내용이 당사자간 내부관계에 머물고, 대외적으로 공시되지 않는다는 점에서 차이가 있고, 세부적인 법률관계나 세무상 취급에 있어서도 전혀 다른 제도이다.

신탁의 본질이 실제 소유자(위탁자)와 법상 소유자(수탁자)의 분리에 있고, 신탁으로부터 발생한 수익을 받는 수익자도 별도로 존재하는 등, 다수의 이해관계자가 관여하므로 법률적으로 여러 문제가 발생하기 마련이다. 특히 세법측면에서는 신탁된 재산과 관련한 세금을 위탁자, 수탁자 및 수익자 중 누구에게 부과할 것인지가 중요한 문제인데, 납세의무자는 각 세목마다 달리 규정되어 있고 수시로 변경되기도 한다.

예를 들어, 신탁을 설정하는 단계에서, 위탁자와 수탁자 사이의 신탁재산 이전은 형식적인 것으로 보아 소득세, 법인세, 취득세를 부과하지 않으나, 위탁자와 수익자 사이에서는 무상으로 수익권이 설정된 경우 수익자에게 증여세나 법인세를 부과한다. 신탁재산에서 발생한 소득에 대한 소득세나 법인세는 원칙적으로 수익자에게 부과하며 따로 수익자가 없으면 위탁자에게 부과하는데, 2021년부터는 수익자에게 수익증권을 발행하고 그 양도를 허용하는 신탁 등에서는 수탁자가 법인세를 납부할 수 있도록 하였다.

신탁 중 위탁자가 사망한 경우에는 수익자가 있으면 위탁자 사망일을 증여일로 보고 수익자에게 증여세를 부과하나, 따로 수익자가 없거나 수익자가 있더라도 위탁자가 잔여재산분배권을 갖고 있으면 위탁자의 상속인에게 상속세를 부과한다. 사후의 재산승계수단으로 최근 활용도가 높아지고 있는 유언대용신탁의 경우 그동안 분명한 규정이 없어 과세방법에 관해 논란이 있었는데, 2021년부터는 증여세 대신 상속세를 부과하도록 명문화 하였다.

근래 특히 문제되고 있는 것은 부가가치세와 보유세다. 여기서는 수익자가 아니라, 주로 위탁자와 수탁자 중에서 납세의무자를 정한다. 신탁재산을 보유하는 것에 대한 재산세와 종합부동산세는 종래 위탁자에게 부과하다가 2014년부터는 징수편의를 위해 수탁자에게 부과해 왔다. 그런데 다주택자 등이 신탁을 종합부동산세 회피수단으로 활용하는 사례가 늘어나자, 2021년부터는 다시 위탁자 과세로 돌아서는 한편 위탁자가 납부하지 못할 경우 보충적으로 수탁자에게 부족세액을 부과(물적납세의무)하는 것으로 변경하였다.

부가가치세의 변화는 더욱 복잡하고 빈번하다. 신탁재산과 관련한 재화나 용역의 공급거래에서 부가가치세의 납세의무자는 수수하는 세금계산서의 명의인과도 직결되는 문제이다. 종래 명문의 규정이 없는 상황에서 대법원이 위탁자를 원칙적인 납세의무자로 해석해오다가, 2017년 견해를 바꿔 수탁자 과세를 선언하자, 업계에서는 그동안 위탁자 명의로 수수하였던 세금계산서의 효력이 어떻게 되는지 등에 관해 일대 혼란이 발생하였다. 정부가 대법원의 새로운 해석을 소급해서 적용하지 않는 것으로 방침을 정했고, 아예 2018년부터는 위탁자 과세 및 수탁자의 보충적 물적납세의무를 입법으로 명시하기에 이르렀다. 그런데 이번에 다시 법개정으로 2022년부터는 원칙적인 납세의무자를 수탁자로 하고, 예외적으로 위탁자 명의로 매매하는 경우 등에서 위탁자 과세를 유지하는 것으로 변경하였다.

앞으로는 수탁자 명의로 세금계산서를 수수해야 하는 경우가 많아질 것이라는 점에 유의해야 한다.

이처럼 신탁에 대한 과세 제도는 세목별로 다양하고 변화도 많아 난해한 분야이다. 빈번한 제도변화로 인한 업계의 혼란도 상당한 수준이다. 납세자가 바뀐 규정내용을 모른 채 어떤 행위를 하게 되었다고 항변해 보았자 과세당국이 그 사정을 인정해 주지도 않는다. 물론 과세 제도의 적절한 변화, 발전은 변화하는 경제상황을 반영하거나 징수효율을 높이기 위해 필요한 일이다. 다만, 시행 중인 제도를 바꾸거나 새로 도입할 경우 보다 장기적인 안목에서 충분한 사전검토를 거침으로써, 한 번 도입된 제도는 어느 정도 지속성이 있도록 할 필요가 있다.

대통령이 바뀌면 세금도 바뀌어야 하나

허시원 변호사

대부분의 사람들이 국가와 지방자치단체 등 공동체의 유지를 위해 세금 징수가 필요하다는 점은 인정하지만, 자신에게 부과되는 세금을 환영하는 사람은 아무도 없을 것이다. 때문에 기존의 세율을 높이거나 새로운 세금을 부과하는 증세가 이루어질 때에는 항상 조세저항이 있을 수밖에 없다. 감세의 경우에도 마찬가지이다. 당장은 세금이 줄어드니 감세 대상인 납세자들 입장에서는 환영할 일이겠지만, 영구적인 감세가 불가능하다면 언젠가는 감면하였던 세금을 충당하기 위하여 기존 감세를 되돌리거나 새로운 세금을 부과하는 방법으로 증세가 이루어질 수밖에 없으므로 장기적인 관점에서 조세저항을 고려하지 않을 수 없다. 또한, 감세 대상이 아닌 납세자들이 세금 부과의 형평성을 문제 삼으면서 반발하는 형태의 조세저항도 반드시 고려해야 한다. 이러한 조세저항의 기저에는 국가나 지방자치단체가 세금을 걷어 충당해야 될 최소한의 예산 규모가 정해져 있다는 점을 고려하면, 감세는 필연적으로 다른 세금의 증세로 이어질 가능성이 높다는 인식이 깔려있다.

이처럼 증세든 감세든 어느 경우이든 기존 조세정책을 변경할 때에는 어떤 형태로든 조세저항을 피할 수 없으므로 항상 충분한 논의를 통해 사회적 합의를 거친 다음에 정책 입안을 추진하는 것이 바람직하다.

그런데 대통령 선거철만 되면 어김없이 진영이나 후보를 가릴 것 없이 세금에 관한 공약들이 쏟아진다. 대통령 후보이니 주요 정책으로 세금에 관한 공약을 제시하는 것은 당연하다. 문제는 공약을 내세우기 전에 장기적인 관점에서 그러한 공약이 우리 사회에 미칠 영향이나 조세저항에 대해서 충분히 숙고한 후에 공약을 제시하는 것인지 의문이 든다는 점이다. 이러한 의문이 매 선거철마다 반복적으로 제기된다는 것은 더욱 큰 문제이다.

2022년에 실시된 대선에서도 주요 대선 후보들이 서로 뒤질세라 세금에 관한 각종 공약들을 내놓았는데, 그 모습을 보더라도 위와 같은 인상을 지울 수 없다. 예를 들어, 어떤 후보가 제시한 가상자산 과세 유예 공약을 살펴보면, 소득이 있는 곳에 과세를 한다는 세금 부과의 기본원칙이나, 주식양도차익에 대한 과세와의 형평성 등을 깊이 있게 고려한 것인지 의문이 든다. 논란이 되었던 20대 소득세 비과세 공약도 마찬가지이다. 다른 후보가 공약으로 내세운 종합부동산세 전면재검토는 어떤가. 헌법재판소가 이미 여러 차례 합헌성을 인정한 종합부동산세의 법적 정당성을 정면으로 부정하고, 문제가 있는 세금으로 취급하면서 무조건 손보겠다는 것이 합리적 접근방식인지 의문이 든다.

위와 같은 공약들의 더 큰 문제점은 공약의 내용이 모두 감세를 위한 것이어서 포퓰리즘적인 성격이 짙다는 것이다. 세금을 줄인다는 것이니 조세저항도 없을 것이고 지지율을 끌어올리는 데 도움이 될 것이라고 생각하는 것은 오산이다. 어느 경우에나 사회적 합의와 정당성이 확보되지 않은 조세정책의 변경은 조세저항에 부딪힐 수밖에 없고, 충분한 논의 없이 수시로 바뀌는 조세정책은 그 자체로 납세자들의 정부에 대한 신뢰를 떨어트려 조세저항을 증폭시킬 수밖에 없다. 정치학이나 역사학에서 흔히 회자되는 "혁명의 역사는 조세저항의 역사였다."라는 문구를 굳이 상기하지 않더라도, 세금이 매우 민감한 문제이고, 조심스럽게 다뤄야 하는 주제라는 점에는 의문의 여지가 없다.

이러한 점을 고려해서 앞으로는 코 앞에 닥친 선거에서 이기기 위한 것이 아니라, 장기적인 관점에서 국민들의 삶을 향상시키기 위해서 꼭 필요한 조세정책이 공약으로 제시되기를 기대해 본다.

술과의 전쟁

이정렬 변호사

술을 조금이라도 먹는 사람이라면, 전날 밤 술자리에서의 실수 때문에 시쳇말로 '이불킥'을 했던 기억이 한두 번쯤은 있을 것이다. 그러나 조선시대 영의정까지 지냈던 신숙주의 일화를 들으면 한결 마음이 가벼워질 지 모르겠다.

신숙주와 세조는 서로 동갑내기로 흉금을 터놓는 사이였다. 한 번은 세조가 술을 마시고 신숙주의 팔에 기대면서 "자네도 한번 나에게 기대보라"고 제안했다. 그러자 술이 한참 오른 신숙주는 대뜸 임금의 팔을 꺾었고, 세조가 아프다고 소리치자 옆에 있던 세자와 신하들은 사색이 되었다. 세조가 어린 조카 단종을 제거하고 왕위를 찬탈한 인물임을 감안하면 그 자리가 두 사람의 '마지막 만찬'이 되었더라도 이상할 것이 전혀 없었다. 다행히 세조는 주연의 흥을 깰까 웃으며 넘어갔고, 신숙주는 적어도 능력만큼은 누구나 인정하는 명재상으로 역사에 남았다. 물론 반쯤은 야사(野史)에 가까운 이야기지만, 신숙주가 대단한 애주가였다는 것만은 사실인 듯하다.

우리네 애주가들의 술사랑은 시대를 막론한다. '아름다운 이 세상 소풍 끝내는 날 가서 아름다웠다고 말하리라'라는 시구(詩句)로 유명한 시인 천상병은 '비오는 날'이라는 시에서 이렇게 썼다. '자는 마누라 지갑을 뒤져 백오십원 훔쳐 아침 해장을 간다. 막걸리 한 잔에 속을 지지면 어찌 이리도 기분이 좋으냐!'라고. 아내의 돈을 훔쳤다는 사실보다 해장을 하러 가서는 또 속이 찌릿하게 막거리를 걸쳤다는 사실이 더욱 충격적이다.

나이만큼이나 상대방의 주량(酒量)을 궁금해하는 한국인의 '술사랑'에 비례하여 이를 막으려는 국가의 노력도 고금을 막론한다. '인간의 욕망을 과도하게 억제하는 정책은 실패한다'는 명제의 근거로 종종 미국의 금주법(禁酒法)을 들지만 역사로 따지자면 금주법의 역사는 우리나라가 훨씬 깊다. 가장 강력한 금주법을 시행한 것으로 손꼽히는 왕은 조선시대 영조다. 영조는 왕위에 등극한 후 창덕궁 인정전에서 국정지표를 발표하였는데, 그중 하나가 "술은 사람을 미치게 하는 광약(狂藥)이니 엄금한다"는 것이었다. 이를 위반한 벌도 미국 금주법과는 비교가 되지 않았다. 영조는 본보기로 남대문 앞에서 금주령을 어긴 고위관리의 목을 쳤고, 이를 만류하던 영의정, 좌의정, 우의정 세 사람을 그 자리에서 파직했다. 이건 승정원일기에 기록되어 있는 정사(正史)다.

조선시대에 금주령을 실시했던 것은 도덕적인 이유도 없지 않앗겠으나 많은 경우는 곡식을 아끼기 위해서였다. 금주령은 기근이 심한 봄이나 여름에 반포되어 추수가 끝나는 가을에 해제되는 것이 보통이었다. 쌀로 술을 빚으면 그 양이 투입량의 절반도 안되는 데에다 술은 마셔도 배가 부르지 않은 까닭이다.

국가와 국민간의 술 전쟁은 오늘날에도 현재 진행형이다. '회식 공화국'에서 회식의 씨를 말리고 있는 코로나 방지대책을 말하는 것이 아니다. 의외로 싸움이 치열하게 벌어지고 있는 전쟁터는 '세법(稅法)'이다.

주세법은 다른 세법처럼 과세대상이나 과세표준에 대해서만 정하고 있지 않다. 주세법은 술의 판매와 취득 방법을 제한하는 규정도 잔뜩 담고 있다. 주류의 제조, 도매, 소매를 위해서는 식약처나 구청이 아닌 세무서장의 면허가 필요하다. 2020년 주류 면허와 관련된 사항을 별도로 규율하기 위한 '주류 면허 등에 관한 법률'이 제정되었지만 그 이전에는 이러한 사항들이 모두 주세법에 규정되어 있었다.

요즘 꽃, 커피 심지어 자동차까지 사업자가 임의로 선택한 상품을 소비자에게 보내주는 이른바 '구독서비스'가 유행하고 있지만, 술에 대해서는 '구독서비스'를 제공할 수 없다. 국세청이 제공될 주류는 주류 매매계약의 체결시에 확정되어야 한다고 유권해석하고 있어 사업자가 임의로 주류를 선택하여 제공할 수 없기 때문이다. 생일이나 기념일을 축하하기 위해 굳이 얼굴을 보지 않더라도 SNS 메신저로 커피 쿠폰은 물론 명품 가방까지 선물할 수 있는 시대지만 술은 예외다. 국세청이 주류를 구입한 사람과 수령할 사람을 달리 정할 수 없다고 유권해석하고 있기 때문이다. 시대 흐름에 따른 서비스 변화에 발맞추어 주류 업계가 다양한 사업 아이디어를 구상하고 있지만 모두 주류 규제에 가로막혀 실현이 요원하다.

소주의 원료가 되는 '주정(酒精)'에 대한 규제는 더욱 강력하다. 국세청장은 매년 주정 연간생산량을 정하고, 각 제조장에 주정생산량을 배정한다. 전국의 주정 제조회사는 9개 밖에 없는데, 이들은 국세청장의 승인이 있는 경우를 제외하고는 생산한 모든 주정을 일단 대한주정판매 주식회사라는 전국 유일의 주정 도매회사에 납품해야 한다. 술자리에 소주 회사 직원이 불쑥 나타나 판촉 상품과 함께 자기 회사 소주 뚜껑을 따 놓고 떠나는 일이 심심찮게 있을 정도로 소주 소매시장은 과열 양상을 띠고 있지만 정작 주정 시장은 국가의 철저한 통제 하에 독점 구조를 형성하고 있는 것이다. 소주의 질이 좋아지려면 좋은 주정을 사용해야 하지만 전국 소주회사들이 사용하는 주정은 대한주정판매 주식회사가 파는 주정 한 가지뿐이고, 소주 회사들이 임의로 주정 제조회사를 선택할 수도 없다.

현재 주류의 생산과 판매를 이토록 강력히 규제하는 것이 조선시대처럼 쌀이 부족해서 때문은 아닐 것이다. 쌀 소비량은 거의 매년 최소치를 갱신하고 있다. 그렇다고 하여 술이 중요한 세원(稅源) 중 하나이기 때문이라고 보기도 어렵다. 주세가 전체 국세에서 차지하는 비중은 1% 남짓이다. 증권거래세는 연간 징수액이 주세의 두 배가 넘지만 국세청이 증권거래를 통제하지는 않는다. 그나마 설득

력 있는 명분은 국민보건이다. 하지만 그것도 주류 '소매'가 아닌 '제조'와 '도매' 부문의 통제를 정당화하기는 어렵다. '올해 할당된 술 생산량이 소진되었다'는 이유로 술을 못 먹어본 사람은 없을 것이다. 술 생산을 통제한다고 술 소비량을 줄일 수는 없다. 소주가 없으면 수입 맥주도 있고, 양주도 있다.

프랑스의 와인, 독일의 맥주, 영국의 위스키, 일본의 사케처럼 술도 그 나라의 중요한 문화 자산이다. 자신의 팔을 꺾어도 만취한 신하를 너그러이 용서했던 세조처럼 이제 국가가 주류에 대한 통제를 조금은 놓아줄 때가 되지 않았나 싶다.

세금을 낳는 거위, 담배

이정렬 변호사

　우리가 흔히 아주 오랜 옛 시절을 '호랑이 담배피던 시절'이라 말하지만 사실 호랑이가 담배를 필 수 있게 된 지는 얼마 되지 않았다. 서양에 담배가 소개된 것은 15세기 말 콜럼버스가 신대륙의 원주민들이 피던 잎담배를 수입하면서 부터인 것으로 알려져 있다. 그 담배가 우리 땅에 들어온 것은 임진왜란 전후, 즉 16~17세기 정도로 기록되어 있다. 그것도 옛날이라면 옛날이지만, 단군 할아버지에게 쑥과 마늘을 받아먹다 도망간 호랑이에 비하면 담배 피던 호랑이는 외래 신문물을 즐기는 신세대였던 셈이다.

　"담배가 매우 성행해 4, 5세 때 이미 배우기 시작해 남녀 간에 담배를 피우지 않는 자가 드물다". 마치 아편전쟁을 앞둔 중국의 실상 같지만 사실은 17세기 조선의 모습을 묘사한 '하멜표류기'의 한 대목이다. 담배가 조선에 수입된 지 얼마 되지 않아 금세 남녀노소가 즐기는 기호품으로 자리잡았음을 알 수 있다. 동의보감에는 이런 대목도 있다. "찬 기운으로 인한 독과 습한 것을 제거하며, 냉수나 얼음 등 찬 것을 먹고 체한 데 효과적이다". 무슨 신묘한 약초에 대한 설명 같지만 사실 담배에 관한 대목이다. 담배는 기호품으로뿐만 아니라 약재로도 널리 사용되었던 것이다. 담배를 '4, 5세 때 이미 배우기 시작'할 수 있었던 이유다.

그러던 것이 시간이 지나면서 분위기가 서서히 바뀌기 시작한다. 인조실록은 담배에 대해 "오래 피운 자가 유해 무익한 것을 알고 끊으려고 하여도 끝내 끊지 못하니, 세상에서 요망한 풀이라고 일컬었다"고 기록하고 있다. 담배의 중독성에 대한 인식이 생겨나기 시작한 것이다. 조선시대 실학자 이익은 자신의 책에서 담배가 "안으로 정신을 해치고 밖으로 듣고 보는 것까지 해쳐서 머리가 희게 되고 얼굴이 늙게 되며, 이가 일찍 빠지게 되고 살도 따라서 여위게 되니, 사람을 빨리 늙도록 만드는 것이다"고 적고 있다. 담배가 수입된 이후 시간이 지나면서 담배가 건강에 좋지 않다는 것도 경험적으로 알게 된 것이다.

중독성과 유해성. 이것은 지금까지도 우리가 담배에 대해 갖는 지배적인 인식이다. 하지만 세금을 걷어야 하는 입장에서 보면 이 두 가지는 상당히 매력적인 속성이다.

담배는 중독성 때문에 세금을 매기고 그 세금이 반영되어 담뱃값이 크게 인상되더라도 소비는 그다지 줄지 않고 세수만 늘어난다. 담뱃값과 흡연율의 상관관계는 세계적인 관심사인데, 우리나라는 이

현상을 현실에서 증명했다. 정부는 2015년 국민건강증진을 목적으로 담배소비세를 20개비, 즉 한 갑당 641원에서 1,007원으로 대폭 인상한 적이 있다. 담배는 원래 개별소비세 부과대상이 아니었는데 이때부터 한 갑당 594원의 개별소비세도 부과되기 시작했다. 그 결과 담배 한 갑의 가격은 당초 2,500원에서 4,500원으로 2배 가까이 급등했다. 하지만 성인 흡연율은 2014년 43.2%에서 2015년 39.4%로 줄어드는 듯싶더니 2016년에는 40.7%로 반등했다. 그러면서 담배 관련 세수는 2014년 약 7조 원에서, 2015년에는 약 10조 5천억 원으로, 2016년에는 약 12조 3천억 원으로 불과 2년 사이 2배 가까이 급증했다. 정부 입장에서는 세금을 걷는 재미가 쏠쏠한 것이다.

더군다나 담배의 유해성 덕분에 사회적으로 바람직하지 못한 대상에 대한 규제를 목적으로 부과하는 이른바 죄악세의 일종인 '담배세'는 조세순응도가 높은 편이다. 정부 입장에서는 국민건강 증진을 담배세 인상 명분으로 내세우기가 상대적으로 쉽고, 국민들도 이를 받아들이는 데에 큰 부담감이 없다. 특히 간접흡연으로 고통받는 비흡연자들은 담배세를 올리면 올릴수록 오히려 반기는 입장이다. 2015년 담배세 인상 당시 국민의 60%가 찬성했다는 여론조사도 있다. 1978년 총선 당시 군부독재의 서슬이 퍼랬음에도 불구하고 여당이 대패한 원인 중 하나로 1977년의 부가가치세 도입이 꼽히는 것과 비교된다. 세금에 대한 거부감이 군사정권에 대한 공포감을 압도했던 것이다. 캐나다에서는 정부가 부가가치세를 도입한 직후 총선에서 당초 167석이던 여당 의석이 2석으로 사실상 전멸했던 사례도 있다. 그런데, 국민들은 적어도 담배세에 대하여는 다른 세목과는 전혀 다른 반응을 보인다. 담배세를 올릴수록 상당수 국민들이 좋아한다는 것은 정부 입장에서 신나는 일이다.

과거 정부가 담배를 전매, 즉 독점적으로 판매했던 것 역시 이러한 담배의 속성에 기인한다. 담배 사업은 그 어느 것보다 확실한 재원이기 때문이다. 2002년 담배인삼공사가 '주식회사 KT&G'로 전환되면서 담배 사업은 완전히 민영화되었지만 여전히 담배는 절반 이상 정부가 팔고 있는 것과 다름없다. 4,500원짜리 담배 한 갑에는 담배소비세 1,007원, 개별소비세 594원, 지방교육세 443원, 부가가치세 438원이 부과되고, 그 외 국민건강증진부담금 841원까지 합하면 담배 한 갑의 가격에 포함된 세금과 부담금은 총 3,323원에 달한다. 담뱃값의 74%는 사실 정부가 가져가는 셈이다.

흡연율을 낮추는 데에는 담뱃값 인상과 같은 가격정책 이상으로 금연치료, 청소년 접근제한과 같은 비가격정책이 효과적인 것으로 알려져 있다. 비가격정책은 당연히 재원이 필요한 사업인데, 담배세는 그 재원의 기능도 한다. 담배세 인상은 즉각적인 효과가 크지 않지만 비가격정책의 재원으로 잘 활용되면 장기적으로는 가격적, 비가격적 금연정책의 이중 작용으로 두 배의 효과를 얻을 수 있는 것이다. 그 덕인지 국민건강증진법의 제정과 함께 본격적인 금연정책이 시행되기 시작했던 1995년 40%에 가깝던 성인 흡연율은 2020년 20% 수준으로 떨어졌다.

하지만 우리나라 성인 흡연율은 2019년 조사 당시 OECD 국가

중 세 번째였을 정도로 여전히 높다. 많은 사람이 'KT&G'를 '담배인 삼공사(Korea Tobacco & Ginseng)'의 준말로 알고 있지만, 회사 측은 '대한민국의 내일과 세계(Korea Tomorrow & Global)'라는 뜻이라고 설명하고 있다. 대한민국 흡연율의 '내일'을 '세계'적인 수준으로 낮추기 위해서는 담배세의 현명한 조정과 활용이 필요하다.

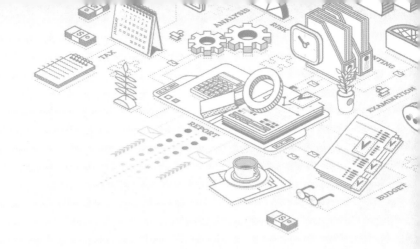

IV

납세자의 권리구제와
조세제재에 관한 이야기

지방세 부과처분에 대하여 곧바로 법원에 소송을 제기할 수 없다니…

정재웅 변호사

일반인들은 모든 재판이 사법부에 속하는 법원에서만 이루어지는 것으로 알고 있다. 그러나 행정처분에 불복하여 제기되는 행정소송은 법원에 소송을 제기하기 전에 전심절차로서 행정심판을 거치는데, 이 또한 실질적으로는 넓은 의미의 재판절차라 할 수 있다.

이러한 전심절차와 관련하여, 반드시 행정심판을 거쳐야만 행정소송을 제기할 수 있는 경우가 있고, 그러한 절차를 거치지 않고도 곧바로 행정소송을 제기할 수 있는 경우도 있는데, 전자를 필요적 전치, 후자의 경우를 임의적 전치라고 한다. 관련 법령에 의하면, 일반적인 행정소송은 임의적 전치주의를 취하고 있으나, 과세처분에 대한 행정소송, 이른바 조세소송의 경우에는 그동안 세목이 국세인지, 지방세인지에 따라 달리 취급되어 왔다.

국세 부과처분에 대해 불복하는 경우에는 필요적 전치주의를 취한 반면, 지방세 부과처분의 경우에는 필요적 전치주의를 취해 오다가, 2001년 헌법재판소가 지방세 부과처분에 대한 필요적 전치절차로서 심사청구를 거치도록 규정한 구 지방세법 제78조 제2항이 위헌이라고 판단함으로써 지방세 행정심판은 임의적 전심절차로 운용되어 왔는데, 2019년말 지방세기본법 개정으로 지방세의 경우에도 국세와 마찬가지로 '행정심판 필요적 전치주의'가 도입되어 2021년부터 시행되었다. 지방세의 경우 약 20년만에 다시 필요적 전치로 복귀한 것이다.

이번 지방세기본법 개정으로 지방세 부과처분에 불복할 경우에도 반드시 조세심판원 심판청구나 감사원 심사청구를 거쳐야만 행정소송을 제기할 수 있게 됨으로써 결국 조세소송에서는 국세, 지방세 구분없이 모두 필요적 전치주의를 취하게 되었다

조세소송에서 필요적 전치주의를 취하는 이유로는, ① 조세에 대한 처분은 대량적, 반복적으로 이루어지고, ② 쟁점이 사실인정에 관한 것이 많아 전심절차에서 비교적 용이하게 해결될 수 있으며, ③ 조세법규의 해석은 전문적, 기술적 성격을 가진 것이 많아 전심 단계에서 논점을 정리하여 법원의 심리부담을 덜어줄 수 있다는 점 등이 제시되고 있다.

그러나, 조세소송을 제기하기 위해 오랜 기간 전심절차를 진행해온 실무 경험에 비추어 보면, 전심절차가 과연 과세처분의 취소를 구하는 납세자의 권리구제에 실질적인 도움이 되는지는 의문이다.

전심절차에서의 심리 기간이 1년 이상 소요되는 경우도 적지 않아 전심절차가 납세자의 신속한 권리구제에 장애가 되는 경우가 많다. 사안에 따라서는 신속한 권리구제가 생명인 경우가 있는데 이러한 경우 필요적 전치주의는 오히려 신속한 권리구제의 장애물이 된다. 특히 감사원의 감사를 통해 문제점이 지적되어 부과처분을 한 사안에 대해서는 감사원과 행정심판기관 사이의 역학관계상 전심절차에서 구제가 이뤄질 가능성이 매우 낮다는 것이 공지의 사실임에도 절차상 전심을 거치지 않고는 행정소송을 제기할 수 없어 그 부작용은 더욱 크다.

뿐만 아니라 전심절차에서 중요한 역할을 하는 조세심판원은 형식상 과세관청에 대한 독립성이 보장되어 있고, 전문성을 강화해 나가고 있으나 과연 그 권한행사에 있어서 실질적 독립성이 보장되어 있는가에 대해서는 여전히 의문이라는 얘기를 많이 듣는다. 헌법 제107조 제3항은 "재판의 전심절차로서 행정심판을 할 수 있다. 행정심판의 절차는 법률로 정하되, 사법절차가 준용되어야 한다"고 규정하고 있지만, 현행 전심절차는 사법절차에서와 같은 절차적 보장이 제대로 이루어지고 있다고 보기 힘들고, 과다한 업무부담 때문인지 신속한 판단이 이루어지지 않는 것도 현실이다.

이와 같이 전치절차에 대한 비판적 견해가 비등하자, 기획재정부에서 조세쟁송에 관하여 임의적 전치주의로 법을 개정하는 방안을 검토했다는 내용의 언론보도가 있었으나, 실제 법 개정으로 이어지지는 못했다. 오히려 이번 지방세기본법 개정으로 조세쟁송에서의 임의적 전치는 먼 훗날의 일이 되고 말았다.

　법원에 곧바로 조세소송을 제기할 것인지 아니면 전심을 거친 후 조세소송을 제기할 것인지는 전적으로 납세자인 국민의 입장에서 판단되어야 한다. 실효성이 낮은 불복절차는 납세자의 권리구제에 아무런 도움이 되지 않을 뿐만 아니라 불복기간의 장기화로 인한 여러 불이익만 가중시킬 뿐이다. 임의적 전치주의를 채택함으로써 납세자가 전심 절차를 거치지 않고 곧바로 조세소송을 제기할 수 있는 길을 열어 두어야 한다. 그것이 적어도 현재와 같은 전심 제도에서 헌법상의 신속한 재판을 받을 권리 등 납세자의 권리를 보다 충실하게 보호하는 길임에도 오히려 반대방향으로 법 개정이 이루어진 점에 대하여는 아쉬움이 짙게 남는다.

잘못 부과된 세금, 불복기간이 지난 후에도 바로잡을 수 있는지?

정종화 변호사

　A씨는 구청으로부터 재산세 고지서를 받았으나, 자신은 납부할 세금이 전혀 없음에도 세금이 잘못 부과된 것이라는 생각으로 무시한 채 지냈다. 그런데, 1년 가까이 지나 구청에서 세금을 체납하였으니 재산을 압류하겠다는 독촉장을 받았다. 그제서야 부랴부랴 세무전문가에게 물어보니 법에 정해진 기간 내에 불복을 하지 않았으니 세금을 납부하여야 한다는 말을 듣고 너무 황당하였다.

　국세기본법 등 관련 법령에는 과세처분을 둘러싼 법률관계의 안정과 신속한 확정을 도모하려는 취지에서 과세처분에 하자가 있는 경우 일정한 기간 내에 불복하여야 하는 기간을 규정하고 있다. 만일 과세처분에 하자가 있음에도 위 기간 내에 불복하지 않으면 원칙적으로 과세처분의 취소를 구할 수 없고, 그 효력에 따라 강제징수를 당할 수밖에 없다.

과연 이와 같이 불복기간을 지난 경우에는 잘못 부과된 세금을 바로잡을 방법은 전혀 없는 것인가? 이러한 경우 과세처분을 다툴 수 있는 방법으로는 그 처분에 존재하는 하자가 중대하고, 객관적으로 명백하여 과세처분이 당연무효라고 주장하는 수밖에 없다. 과세처분의 취소를 구하는 경우에는 불복기간의 제한을 받지만, 과세처분의 무효를 주장하는 경우에는 불복기간의 제한이 없기 때문이다.

그런데, 과세처분에 존재하는 하자가 '중대명백'한 지를 판단함에 있어 하자가 중대하다는 점을 인정받기는 비교적 쉬우나, 그 하자가 객관적으로 명백한 지의 판단은 그리 간단한 문제가 아니다. 법리상으로는 하자가 '명백'한 지 여부에 관하여, 사실적 측면에서는 추가적인 사실관계의 조사 없이 과세대상 여부를 확인할 수 있어야 하고, 법률적 측면에서는 법령 규정의 적용 여부에 관한 해석상 다툼이 없어야 한다고 설명하지만, 실제 적용에 있어서 그러한 경우에 해당하는 지 여부를 판단하기는 매우 어렵다.

결국, 하자의 명백성은 구체적 사건별로 해당 사안의 특수성을 고려하여 결론을 내릴 수밖에 없으므로 그러한 판단에 참고할 만한 선례가 있어 소개해 본다.

2016. 12. 27. 개정 전 구 지방세특례제한법(이하 '구 지방세특례제한법') 제84조 제2항은 "국토의 계획 및 이용에 관한 법률 제2조 제13호에 따른 공공시설을 위한 토지(주택의 부속토지를 포함한다)로서 같은 법 제30조 및 제32조에 따라 도시관리계획의 결정 및 도시관

리계획에 관한 지형도면의 고시가 된 토지의 경우 해당 부분에 대해서는 재산세의 100분의 50을 2018년 12월 31일까지 경감한다."라고 규정하고 있다(이하 '본건 감경조항'). 위 규정은 도시관리계획에 따라 사유 토지가 공공시설로 지정됨으로써 재산권 행사가 제한되는 점을 고려하여 재산세를 일부 감경하도록 한 것이다.

A공기업은 지방자치단체로부터 그 소유 토지에 대한 재산세를 부과받고 해당 재산세를 모두 납부하였다. 공기업의 특성상 A공기업 소유 토지 중에는 본건 감경조항의 요건을 충족하는 항만, 공공공지, 하천 등 공공시설용 토지가 상당 수 포함되어 있었음에도, 지방자치 단체가 A공기업에 대하여 재산세 부과처분을 함에 있어서는 50%의 감경이 이루어지지 아니하였다.

A공기업은 지방자치단체로부터 재산세 부과처분을 받은 후 90일이 경과한 후에야 뒤늦게 본건 감경조항에 따른 감경 누락 사실을 알게 되어 해당 재산세 부과처분의 취소를 구할 수 없었고, 결국 그 처분의 당연무효를 주장하면서 지방자치단체를 상대로 부당이득반환청구 소송을 제기하였는데, 그 소송에서는 지방자치단체의 재산세 부과처분에 존재하는 하자가 중대명백한 지에 관하여 치열한 다툼이 진행되어 최종적으로 대법원에서 결론이 내려졌다.

대법원 판결의 내용을 간략하게 살펴보면, 이미 존재하는 감경 요건에 관한 사실인 '도시관리계획에 관한 지형도면 고시' 여부를 과세 담당공무원이 제대로 확인하지 않은 것에 불과하다면 이는 추가적인 사실관계의 조사가 필요한 경우에 해당하지 않고, 구 지방세특례제한법 제1항과 달리 제2항의 본건 감경조항 자체의 문언에서 '도시관리계획이 미집행된 토지'로 그 적용대상을 제한하지 않고 있음에도 불구하고 과세관청이 합리적 근거 없이 그 의미를 잘못 해석하여 감경요건이 충족되지 않은 것으로 보았다면 법령 규정의 적용 여부에 관한 해석상 다툼이 있는 경우에 해당하지 않으므로 해당 재산세 부과처분에 존재하는 하자는 중대 명백하여 당연무효라고 판단하였다(대법원 2019. 4. 23. 선고 2018다287287 판결).

대법원은 과세관청이 과세 당시 조사의무를 게을리하여 과세요건 또는 감경요건의 존재사실을 제대로 확인하지 못한 경우에는 사실관계의 명백성을 인정하는 데 영향을 미치지 아니하며, 법리해석의 명백성 여부를 판단함에 있어서는 우선적으로 해당 법규의 문언 그 자체를 기준으로 하여야 하고 입법 취지, 관련 조항, 법규의 제·개정 연혁 등 부수적 사정은 해당 법규의 문언이 불분명한 경우에 한하여 고려할 수 있다는 입장을 취하였다. 이는 과세처분 당연무효의 요건으로서 '중대명백'의 범위를 종전보다 넓게 해석함과 동시에 어느 정도의 객관적 기준을 제시하였다는 점에서 큰 의미가 있다.

과세처분의 무효를 주장하는 경우에는 과세처분의 취소를 구하는 경우와 달리 불복기간의 제한이 없으므로 세금을 납부하기 전이라면 언제라도 과세처분의 무효확인 소송을 통해 그 처분의 효력을 제거하는 것이 가능하나, 이미 세금을 납부한 경우라면, 과세처분의 무효확인을 받는 것만으로는 부족하고, 잘못 납부한 세금을 돌려받아야 하므로 과세처분 무효확인을 구하는 행정소송을 제기하는 것보다는 과세관청을 상대로 잘못 납부한 세금 상당액의 반환을 구하는 부당이득반환청구 소송을 제기하여야 한다. 이 경우에는 지방자치단체에 대한 채권의 소멸시효 기간 5년이 적용되므로 세금 납부 시로부터 5년이 경과하기 전에 부당이득반환청구 소송을 제기하여야 한다는 점을 유의할 필요가 있다.

국회 권한을 넘어선 행정입법의 효력

이경진 변호사

세법의 근간이 되는 원칙 중 하나로 조세법률주의라는 것이 있다. 조세법률주의란, 과세요건 등 국민의 납세의무에 관한 사항을 국민의 대표기관인 국회가 제정한 법률로써 규정하여야 하고 그 법률을 집행하는 경우에도 이를 엄격하게 해석·적용하여야 하며, 행정편의적인 확장해석이나 유추적용을 허용하지 않는 것을 뜻한다. 따라서 법률의 위임없이 명령 또는 규칙 등 행정입법으로 과세요건 등에 관한 사항을 규정하거나 법률에 규정된 내용을 함부로 유추 확장하는 내용의 해석규정을 마련하는 것은 조세법률주의에 위배된다.

조세소송을 진행하다 보면 처분의 근거가 되는 법률 및 시행령, 시행규칙의 조세법률주의 위반 여부가 쟁점이 되는 경우가 종종 있다. 최근 대법원은 상속세 및 증여세법 (이하 '상증세법') 제41조의 '특정법인과의 거래를 통한 이익의 증여의제' 규정과 관련된 동법 시행령 제31조 제6항이 법률의 위임범위를 벗어나 무효인지 여부가 쟁점이 된 사안에서 위 시행령 제31조 제6항이 조세법률주의 원칙에 따라 위임범위를 벗어나 국회가 법률로 정하여야 할 사항인 과세요건을 창설하여 무효이고, 이에 근거한 과세처분 또한 무효라는 판결을 선고하였다. 그 내용을 간단히 살펴보고자 한다.

먼저 특정법인과의 거래를 통한 이익의 증여의제 규정을 살펴보자. 특정법인이란 그 용어가 매우 생소한데, 상증세법은 지배주주와 그 친족이 직접 또는 간접으로 보유하는 주식보유비율이 30% 이상인 경우 '특정법인'이라고 하고, 이러한 특정법인이 지배주주와 그 친족(이하 '지배주주 등')으로부터 재산이나 용역을 무상으로 제공받거나 통상적인 거래관행에 비춰 현저히 낮은 대가로 양도·제공받거나 높은 대가로 양도·제공하는 등으로 특정법인이 이익을 얻은 경우 그 이익을 특정법인의 주주 등이 직접 지배주주 등으로부터 증여받은 것으로 보아 해당 주주에게 증여세를 과세하는 것이다.

최근 대법원에서 무효라고 판단한 2014년 개정 후 상증세법 시행령 제31조 제6항(이하 '2014년 개정된 시행령')과 마찬가지로 그 이전에 시행되었던 같은 조항, 즉 2014년 개정 전 시행령도 조세법률주의를 위반하여 무효인지 여부가 쟁점이 되었다. 당초 상증세법 제41조 제1항(이하 2003년 개정 법률)은 결손금, 휴폐업 중인 특정법인의 주주 등과 특수관계에 있는 자가 일정 거래를 통하여 당해 특정법인의 주주 등이 이익을 얻은 경우에는 그 이익에 상당하는 금액을 특정법인의 주주 등의 증여재산가액으로 한다고 규정하고, 제2항에서 그 이익의 계산방법을 대통령령에 위임하였었다. 요컨대 2003년 개정 법률 조항은 최대주주 등이 '그 이익을 얻은 경우'를 전제로 그 이익의 계산만을 시행령에 위임하고 있음에도 2014년 개정 전 시행령은 '특정법인이 얻은 이익이 바로 주주 등이 얻은 이익'이 된다고 보아 증여재산가액을 계산하도록 하였다. 이에 대법원은 2014년 개정 전 시행령은 모법인 2003년 개정 법률 조항의 규정 취지에 반할 뿐만 아니라 그 위임범위를 벗어난 것이라고 하여 위 시행령은 무효라고 판시한 바 있다.

그런데 2014년 개정된 시행령 제31조 제6항은 상증세법 제41 조에서 특정법인의 개념을 확대하여 규정함에 따른 이중과세를 고려하여 수증자의 증여이익을 산출하면서 특정법인이 부담한 법인세를 공제하는 것으로 그 내용을 일부 변경하였으나, 개정 전 시행령과 마찬가지로 특정법인에 대한 재산의 무상제공 등이 있으면 별도로 주주 등이 이익을 얻었는지 여부를 판단하지 않고 그 자체로 주주 등이 이익을 얻은 것으로 간주하고 있어 개정 전 시행령과 동일한 문제가 제기되었다. 즉 2014년 개정된 시행령도 개정 전과 마찬가지로 주주 등이 실제로 얻은 이익의 유무나 다과와 무관하게 증여세 납세의무를 부담하도록 정한 점에서 조세법률주의 위배가 쟁점이 된 것이다. 이에 최근 대법원은 이전 판시와 같이, 2014년 개정된 시행령이 모법인 2014년 개정 상증세법 규정 취지에 반할 뿐만 아니라 그 위임범위를 벗어나 조세법률주의 원칙에 따라 마땅히 국회가 법률로 정하여야 할 사항인 과세요건을 창설한 것으로서 무효라고 봄이 타당하다고 판시하였다.

　요약하면 상증세법 제41조의 입법취지는 특정법인과의 거래를 통해 주주가 이익을 얻었다는 점이 인정된 경우에 한하여 증여세 과세를 하도록 하였는데, 위 법조항의 위임을 받아 규정된 시행령은 특정법인과의 거래로 특정법인이 이익을 얻으면 그 자체로 주주 등이 이익을 얻은 것으로 간주하여 증여세를 과세하도록 규정함으로써 법률의 위임범위를 벗어나 조세법률주의 위반이라는 것이다. 한마디로 법인과 주주를 동일하게 보아 법인에게 준 것을 그대로 그 법인의 주주에게 준 것으로 볼 수 있다고 규정한 시행령은 효력이 없다는 것이다.

　이러한 일련의 개정 과정에 비추어보면, 과세당국은 법률의 위임범위를 벗어난 시행규칙, 또는 시행령이 조세법률주의에 위반되어 무효라는 판결이 선고되면 내용은 동일하게 그대로 둔 채 단지 시행규칙에 규정되었던 것을 시행령으로 옮겨 규정하거나, 법률에서 그 내용을 시행령에 위임하는 등의 규정을 새로 만드는 등 임시변통적인 해결을 취하는 경우가 많다. 그러나 이러한 것만으로는 충분하지 않고 법 취지에 맞도록 근본적인 해결점을 찾아 개정하는 것이 무엇보다 필요하다. 이러한 법 취지에 맞는 개정이 이루어지는 것이 조세 법률에 대한 납세자의 신뢰를 얻는 지름길이라 할 것이다.

잘못된 과세를 미리 막을 제도적 장치는 없는가?

강찬 변호사

세금 부과는 납세자에게 재산상 불이익을 주는 것이므로 그 처분이 잘못되었다면 행정소송 등 불복절차를 거쳐 바로잡을 수밖에 없다. 그러나, 일단 부과처분이 이루어지면, 그 처분에 불복하여 소송을 제기하더라도 부과처분의 효력이 상실되는 것이 아니고 불복절차에서 위법한 것으로 판단되어 취소확정되기 전까지는 그 효력이 그대로 유지된다. 따라서 납부기한 내에 세금을 납부하지 않으면 가산금이 부과되고, 나아가 체납처분이라는 강제징수절차를 진행할 수도 있게 된다.

이와 같이 부과처분이 있은 후 불복절차를 진행하는 경우에는 당초 이루어진 처분에 따른 불이익을 완전히 제거하는데 한계가 있다. 그렇다면, 이러한 불이익이 발생하지 않도록 미리 잘못된 부과처분이 내려지지 않게 하는 방법은 없을까? 그 방법이 바로 과세전적부심사제도이다.

과세전적부심사제도는 과세처분을 하기 전 과세할 내용을 미리 납세자에게 통지하여 그 내용에 이의가 있는 납세자로 하여금 세무서장 또는 지방국세청장을 상대로 예고된 과세의 적법 여부에 대한 심사를 청구할 수 있도록 한 사전권리구제절차이다. 과세처분이 이루어진 이후의 불복절차인 조세심판절차나 행정소송절차와 달리 과세처분이 이루어지기 이전의 불복절차라는 점에서 의의가 있다.

그런데, 사전권리구제절차로서 인정된 과세전적부심사청구권을 위법하게 박탈하고 이루어진 과세처분이 이루어진 경우 그 효력은 어떻게 되는가? 이에 대해 대법원은 과세전적부심사제도가 과세처분에 대한 사전적 그리고 예방적 권리구제절차로서 위법한 처분뿐만 아니라 부당한 처분도 심사대상으로 삼고 있기 때문에, 사후적 권리구제절차인 행정소송에 비하여 권리구제의 폭이 넓을 뿐만 아니라 그 결정이 30일 이내에 이루어져 납세자가 신속하게 구제받을 수 있는 점에서 엄격히 보장되어야 하는 제도라고 판시하면서, 이렇게 중요한 납세자의 과세전적부심사청구권을 위법하게 박탈하고 이루어진 과세처분은 납세자의 절차적 권리를 침해한 것이므로 절차상 하자가 중대하고도 명백하여 무효라고 판단하고 있다.

그러나, 납세자의 과세전적부심사청구권은 무제한적으로 보장되는 것은 아니다. 국세기본법은 일정한 사유가 있는 경우 예외적으로 그 권리를 박탈할 수 있도록 규정하고 있는데, 그러한 예외사유 중에는 '국세징수법에 따른 납부기한 전 징수사유로서의 국세를 포탈하려는 행위가 있다고 인정되는 경우'와 '조세범처벌법위반으로 고발 또는 통고처분하는 경우'로 규정되어 있다.

그런데 위 두 가지 사유는 모두 "국세 포탈"과 관련이 있다는 점에서 실제로 국세를 포탈하려는 행위가 있다고 인정되는 경우 위두 가지 사유 중 어디에 해당하는지, 다시 말해 위 두 가지 사유는 어떻게 구분되고, 그 경계는 어떻게 설정되어야 하는지 여부에 관하여 논란이 있다.

실제로 이러한 논란이 주된 쟁점으로 다투어지고 있는 사건에서 과세관청은 '국세징수법에 따른 납부기한 전 징수사유로서의 국세를 포탈하려는 행위가 있다고 인정되는 경우'에서의 국세를 포탈하려는 행위와 '조세범처벌법위반으로 고발 또는 통고처분하는 경우'에서의 국세를 포탈하려는 행위는 동일한 의미로서 서로 구분되지 않는다는 입장을 취하고 있다. 다시 말해, 과세관청의 견해는 널리 국세의 부과를 어렵게 하여 국세를 포탈하려고 시도한 행위가 있었던 경우에는 '국세징수법에 따른 납부기한 전 징수사유로서의 국세를 포탈하려는 행위가 있다고 인정되는 경우'에 해당하고, 이러한 행위에 대해 고발 내지 통고처분이 있는 경우에는 '조세범처벌법위반으로 고발 또는 통고처분하는 경우'에도 해당할 수 있다는 것으로 이해된다.

그러나 과세관청의 입장에 따라 '국세징수법에 따른 납부기한 전 징수사유로서의 국세를 포탈하려는 행위가 있다고 인정되는 경우'를 모든 국세포탈행위를 포함하는 것으로 해석하면, 국세포탈행위의 존재를 필수적 요건으로 하는 '조세범처벌법위반으로 고발 또는 통고처분하는 경우'를 별도의 예외 사유로 규정할 필요가 없다는 결론에 이르게 되고, 그럼에도 국세기본법에 이와 별도로 '조세범처벌법위반으로 고발 또는 통고처분하는 경우'를 과세전적부심사청구권 박탈 가능 예외 사유로 규정하고 있는 입법취지나 입법체계를 합리적으로 설명할 수 없게 된다.

이러한 해석상 곤란을 피하고, 입법취지를 살리려면 위 두 가지 예외 사유를 어떻게 해석하여 구분하는 것이 타당할까? '국세징수법에 따른 납부기한 전 징수사유로서의 국세를 포탈하려는 행위가 있다고 인정되는 경우'는 납세자에게 과세전적부심사청구권을 보장할 경우 나중에 과세처분을 하더라도 징수를 할 수 없어 조세행정의 실효성을 거둘 수 없는 경우, 즉 '납세자가 조세징수를 회피하기 위해 과세전적부심사 단계를 악용하여 책임재산을 은닉, 허위양도 또는 허위의 채무 부담 등과 같은 방법으로 빼돌리려는 행위가 있다고 인정될 때'라고 해석하는 것이 타당해 보인다. 이렇게 해석하는 것은 해당 규정의 문언 자체로 징수와 관련된 사유임이 명확히 확인되고, '국세를 포탈한 행위'가 아니라 '국세를 포탈하려는 행위'라고 규정함으로써 과거의 행위가 아닌 장래의 행위 관점에서 규정하고 있다는 점에도 부합한다.

이러한 견해 대립은 과세관청이 과세요건 충족사실을 파악하지 못하도록 하기 위해 거짓 회계장부를 작성하는 등 조세포탈행위를 하였다가, 이후 과세관청에 의해 이러한 조세포탈행위가 발각되었으나, 이에 따른 징수를 회피하고자 하는 행위가 전혀 없는 경우(또는 이미 과세관청에 의해 그 납세를 담보하기에 충분한 수준의 재산을 압류당하는 등 징수를 회피할 수 있는 여지 자체가 없는 경우)에 조세범처벌법위반으로 고발 또는 통고처분하는지 여부에 따라 과세전적부심사청구권을 박탈할 수 있는지 여부에 관하여 결론을 달리하게 된다.

'국세징수법에 따른 납부기한 전 징수사유로서의 국세를 포탈하려는 행위가 있다고 인정되는 경우'를 조세징수에 장애가 초래될 위험이 있는 경우인지 여부를 불문하고 널리 국세포탈행위가 있는 경우 전부를 포함한다는 과세관청 입장에 따르면, 위와 같은 사례의 경우 조세범처벌법위반으로 고발 또는 통고처분하는지 여부와 관계없이 과세전적부심사청구권을 박탈할 수 있다는 결론에 이르게 된다. 이와 달리 '국세징수법에 따른 납부기한 전 징수사유로서의 국세를 포탈하려는 행위가 있다고 인정되는 경우'를 조세징수에 장애가 초래될 위험이 있는 경우로 한정하여 해석하는 견해에 따르면, 조세범처벌법위반으로 고발 또는 통고처분이 있는 경우에는 과세전적부심청구권을 박탈할 수 있으나, 그렇지 않은 경우에는 그 권리를 박탈할 수 없다는 결론에 이른다.

이러한 견해 대립은 납세자의 과세전적부심사청구권 보장 범위와 직결되는 중요한 것이므로 이에 관해 대법원이 앞서 살펴본 과세전적부심사청구권의 예외적 박탈 가능 사유로 규정된 '국세징수법에 따른 납부기한 전 징수사유로서의 국세를 포탈하려는 행위가 있다고 인정되는 경우'의 입법취지, 문언해석 결과, 입법체계 등을 종합적으로 고려하여 명쾌한 판단이 내려지길 기대해 본다.

불복, 그리고 선택의 갈림길

김성언 공인회계사

    법인은 설립을 기점으로 하여 청산을 하는 그 순간까지, 개인은 출생부터 사망하는 그 순간까지 소득, 보유 자산 등에 대한 각종 세금을 신고·납부하게 된다. 그런데, 세금 문제는 이러한 신고·납부로 모두 마무리되는 것이 아니라, 경우에 따라서는 과세관청의 세무조사 등을 통해 추가로 세금이 부과되는 경우도 있고, 반대로 납세자가 과다 납부한 부분을 환급해 달라는 경정청구를 하는 경우도 종종 발생한다. 이 경우 납세자와 과세관청 사이에 이견 없이 그대로 종결되는 경우는 별다른 문제가 없으나, 그렇지 않은 경우 납세자는 과세관청의 처분에 대한 불복 여부를 고민하게 된다.

    국세기본법은 과세관청의 과세처분이나 납세자의 경정청구를 거부하는 처분을 받아들이지 못하는 납세자를 위하여 별도로 불복제도를 규정하고 있다. 즉, 납세자가 위법 또는 부당한 처분을 받아 권리나 이익을 침해당하는 경우 그 처분의 취소 또는 변경을 청구할 수 있도록 하는 것이다. 다만, 해당 처분의 취소 또는 변경을 바로 법원에 청구할 수 있는 것은 아니고, 국세청, 조세심판원, 감사원을 통한 전심절차를 반드시 거쳐야만 한다. 이러한 전심절차를 요구하는 이유는, 조세처분은 일반행정처분에 비하여 대량으로 반복적으로 이루어지고, 전문성·기술성 등이 강하게 요구되므로 행정소송 제기에 앞서 조세 관련 행정관청의 전문적인 지식과 경험을 활용함으로써 소송이 남용되는 것을 방지하고 사실관계에 대한 쟁점을 분명하게 하며, 상급관청으로 하여금 감독·시정하게 함으로써 통일적인 조세행정을 기하기 위함이다.

그런데, 관련 법령은 위 세 가지 전심절차를 중복하여 청구할 수 없도록 규정하고 있으므로 과세관청의 처분에 불복하고자 하는 납세자는 행정소송에 앞서 국세청 심사청구, 조세심판원 심판청구, 감사원 심사청구 중 하나의 전심절차를 선택해야 한다. 납세자는 위 세 가지 전심절차 중 어떤 절차를 통해 불복을 진행하는 것이 본인의 상황에 가장 적합한 것인지 고민하게 되는데, 이러한 의미에서, 불복을 선택한 납세자는 선택의 갈림길 위에 놓인다. 누구나 그러하듯이, 행정소송까지 가는 상황만은 피하고 싶어 하는 게 당연지사이므로, 가능하다면 본인이 선택한 전심절차를 통해 최상의 효과를 얻기를 원하는 마음만은 동일할 것이다.

세 가지 전심절차의 특징을 개략적으로 살펴보면, 우선 국세청 심사청구와 조세심판원 심판청구는 결정 주체만 다를 뿐 절차적인 측면은 대동소이하다. 국세청 심사청구와 조세심판원 심판청구 모두 ① 해당 처분이 있음을 안 날(처분의 통지를 받은 때에는 그 받은 날)부터 90일 이내에 제기하여야 하는 점, ② 결정은 청구를 받은 날부터 90일 이내에 해야 하는 점, ③ 해당 처분이 국세청장이 조사·결정 또는 처리하거나 하였어야 할 것인 경우를 제외하고는 그 처분에 대하여 심사청구 또는 심판청구에 앞서 이의신청을 할 수 있는 점, ④ 행정소송은 심사청구 또는 심판청구에 대한 결정의 통지를 받은 날부터 90일 이내에 제기하여야 하는데, 위 90일 이내의 결정기간에 결정의 통지를 받지 못한 경우에는 결정의 통지를 받기 전이라도 그 결정기간이 지난 날부터 행정소송을 제기할 수 있는 점 등이 절차적인 측면에서 유사한 내용이다.

한편, 감사원 심사청구는 국세기본법이 아닌 감사원법을 적용받는데, 심사청구의 원인이 되는 행위가 있음을 안 날부터 90일 이내에, 그 행위가 있은 날부터 180일 이내에 심사의 청구를 해야 하는 점, 결정은 특별한 사유가 없으면 그 청구를 접수한 날부터 3개월 이내에 해야 하는 점 등은 국세청 심사청구 및 조세심판원 심판청구와 크게 다르지 않다. 다만, 감사원 심사청구는 해당 심사청구에 앞서 별도로 이의신청을 제기할 수 없으며, 특히 심사청구 결정의 통지를 받은 날부터 90일 이내에만 행정소송 제기가 가능하므로 국세청 심사청구 및 조세심판원 심판청구와 달리 결정의 통지를 받지 못한다면 청구한 날로부터 아무리 오랜 시간이 지난다고 하더라도 행정소송 제기가 불가능하다. 따라서, 불복여부를 고려하는 단계에서 행정소송까지 염두에 두고 있다면, 빠른 행정소송 제기의 필요성이라는 측면에서는 감사원 심사청구보다는 국세청 심사청구 또는 조세심판원 심판청구를 선택하는 것이 적절하다.

국세기본법에 규정된 세 가지 전심절차는 위에서 본 바와 같이 별다른 차이가 없음에도 복수의 불복절차를 두어 납세자로 하여금 선택의 고민을 하게 하는 것이 적절한지 의문이다. 조세불복절차의 일원화는 대선 때마다 반복하여 거론되는 정치이슈이기도 한데 막상 실천에 이르는 과정은 험난하기만 하다. 과연 납세자가 선택의 갈림길에 서지 않도록 간명하고 효율적인 불복제도가 마련되는 날은 언제가 될지 궁금하기만 하다.

기한 넘겨 납부한 세금이 잘못된 경우 어떻게 해야 하나

김용택 변호사

　　은행대출을 받고 정해진 기한까지 원리금을 갚지 못한 경우에는 고율의 연체이자를 부담하듯이 세금 또한 정해진 기한 내에 신고, 납부하지 않은 경우 그에 상응하는 가산세의 제재를 받게 된다.

　　우선, 세목별로 납부할 세금의 신고기한은 세법에 규정되어 있는데, 이를 법정신고기한이라고 한다. 예를 들어, 소득세는 종합소득, 퇴직소득, 양도소득으로 구분하여 매년 발생한 각 소득별로 다음 연도 5월 1일부터 5월 31일까지, 법인세는 매 사업연도가 종료한 달의 말일부터 3개월까지 신고해야 한다. 통상의 신고기한 전에 미리 해야 하는 것으로 양도소득세의 예정신고, 법인세의 중간예납신고라는 것도 있다.

　　이러한 신고기한을 준수하지 않으면 어떻게 될까? 정해진 기한 내에 신고하지 않거나 세금을 납부하지 않으면 가산세가 부과된다. 가산세는 대출원리금을 연체한 경우와 마찬가지로 세금 또한 미납세액에 대해 납부할 때까지 매일 단위로 계산하여 부과하는 납부불성실가산세가 있고, 은행대출금 연체의 경우와 달리 세금을 신고를 하지 않은 것 자체에 대한 제재로 부과하는 신고불성실가산세가 있다.

한편, 법정신고기한이 정해져 있다고 하더라도 그 기한이 지난 후 신고하는 것을 막지는 않는다. 이와 같이 신고기한 내에 신고하지 않은 납세자가 뒤늦게 세액을 신고하는 경우를 '기한 후 신고'라고 한다. 납세자는 비록 신고기한이 지났더라도 가급적 빨리 자진신고납부할 필요가 있는데, 이는 매일 단위로 늘어나는 납부불성실가산세를 최소화하려는 것이다. 그러나 이 경우에도 신고기한을 준수하지 않은 것으로 인한 신고불성실가산세의 제재는 피할 수 없으며, 다만 신고기한이 지난 후 6개월 이내에 신고한 경우에 한하여 일부 가산세액의 감경을 받을 수 있을 뿐이다.

납세자는 어떤 경로로든 세금의 신고, 납부기한을 넘겼다는 사실을 알게 되거나, 그러한 사실을 통지를 받게 되면, 우선 가슴이 덜컥 내려 앉는다. 하루라도 늦으면 안 될 것 같은 생각에 서둘러 세금을 신고, 납부하는 경우가 있는데, 그러한 세금의 납부에 잘못이 있다고 하더라도 예전에는 스스로 신고납부한 세액의 오류를 정정하는 것이 쉽지 않았다.

통상 납세자가 납부할 세액보다 적게 신고납부한 경우, 부족한 세액을 추가납부하는 수정신고를 할 수 있고 이 경우 신고기한으로

부터 2년까지는 가산세 감경의 혜택을 받을 수 있다. 반면, 납세자가 납부할 세액보다 많게 신고납부한 경우에는 경정청구를 하여 과다납부한 세액을 환급받을 수 있다. 그러나, 이러한 수정신고나 경정청구는 법정신고기한 내에 신고한 납세자에게만 허용되었고, 법정신고기한을 놓친 경우에는 그 제도를 적용 받을 수 없었다.

부연하면, 단 하루라도 신고기한을 지난 경우에는 가산세를 내야 하고, 그 후 기한 후 신고를 하고 세액을 납부하였는데 나중에 세액을 많이 납부한 것으로 밝혀지더라도, 납세자는 원칙적으로 과세관청으로부터 납세고지서를 받기 전까지는 경정청구의 방식으로 과다납부한 세액을 돌려달라는 청구를 할 수 없었다. 반대로, 기한 후 신고한 내용이 과소신고로 밝혀져 납세자 스스로 추가 신고납부를 하더라도 수정신고로서의 혜택, 즉 가산세 감경은 인정되지 않았다.

물론, 납세자가 기한 내 신고납부를 하도록 유도하기 위해서는 기한 내 신고한 경우와 그렇지 않은 경우를 구별할 필요가 있다는 점은 어느 정도 수긍할 수 있다. 그러나 원활한 과세행정을 위해 기한 준수 여부에 따른 차별을 둘 필요가 있더라도, 이는 기한 후 신고 당시까지 미신고상태로 있었던 것에 대해 가산세를 부과하는 제재로 족한 것이지, 단지 뒤늦게 신고를 했다는 이유만으로 그 신고내용에 대한 오류의 시정기회까지 인정하지 않는 것은 과도한 측면이 있고, 이는 신고기한이 지난 경우에도 자진신고를 유도하여 원활한 과세행정을 도모한다는 측면에서도 바람직하지 않다는 비판이 있었다.

입법당국은 이러한 비판을 의식한 때문인지 2019년 기한 후 신고를 한 납세자도 경정청구를 통해 과다납부한 세액을 환급받을 수 있도록 허용하는 한편, 과소신고한 부분에 대해 수정신고를 통해 추가납부를 하면 가산세 감경의 혜택을 받을 수 있도록 국세기본법을 개정하였다. 이는 납세자의 기본권 보호의 측면에서도 타당한 입법이라 생각된다. 혹시 기한을 놓쳐 서둘러 납부한 세금이 잘못되었다면, 돌려받을 수도 있으니 한번 살펴 볼 일이다.

조세 형사사건의 동향과 대응방안(1)

박정수 변호사

"죽음과 세금은 피할 수 없다." 미국 건국의 아버지 벤자민 프랭클린의 말이다. 이 말은 세금은 죽음처럼 피할 수 없다는 뜻도 담겨 있지만 죽음을 피하고 싶은 것처럼 세금도 피하고 싶은 사람들의 희망이 그 바탕에 깔려 있다. 즉, 국가 공동체의 유지를 위해서는 누군가 세금을 부담하는 것이 필요하지만 그 누구라도 자신이 세금 부담자가 되기를 원하지 않고 세금을 부담할 경우에도 부담하는 세액을 줄이길 희망한다는 것이다. 기업 경영자들 역시 기업의 세금을 피하거나 줄이기 위한 방안을 다각도로 연구하는데, 때로는 그 방안이 '절세'의 테두리를 벗어나, 가산세 등 행정상 제재가 부과되는 경우도 있고, 급기야는 형사처벌이 따르는 '조세포탈'이 되는 경우도 종종 있다.

　　조세 형사사건에서 자주 문제가 되고 가장 무겁게 처벌되는 것이 바로 조세포탈인데, 조세포탈이 성립하려면, '신고, 납부한 세액의 부족' 외에도 '조세의 부과 징수를 곤란하게 하는 적극적인 행위'와 '고의'까지 존재해야 한다. '조세의 부과 징수를 곤란하게 하는 적극적인 행위'의 대표적인 예로는 이중장부 작성, 재산이나 소득의 은닉 등을 들 수 있다. '고의'가 조세포탈의 요건이 되므로, 과실로 세액을 부족하게 신고, 납부한 경우는 조세포탈이 성립하지 않는다. 요컨대, 고의로 이중장부 작성 등의 부정한 행위를 하여 세금을 피하려고 한 행위가 조세포탈이 되는 것이다.

그런데, 이러한 납세자의 절세 방안에 대하여 최근 과세관청, 수사기관 및 법원이 취하는 태도는 과거와는 눈에 띄게 달라지는 흐름이 나타나고 있다.

첫째, 조세 사건의 형사 사건화 경향이다. 납세의무자가 세액을 적게 신고, 납부한 경우 과거에는 부족 세액을 추징하고 가산세를 부과하는 등 행정상 제재로 끝내는 경우가 많았다면, 최근에는 그러한 행위를 조세포탈로 처리하는 경향이 강화되었다. 구체적으로 보면, 세무조사에서 조세범칙조사로 전환하는 비율 높아졌고, 조세범칙조사 절차도 강화되고 있으며, 수사기관의 기소율도 높아지고 있다.

둘째, 과세관청, 수사기관 등의 전문성이 높아져 조사·단속이 강화되는 경향이다. 기술발전 등으로 기업의 활동이 다양해지고 복잡해지면서 그에 따른 조세포탈의 양상도 점점 복잡해져 그 실체를 파악하기 쉽지 않은 측면이 있으나, 이러한 추세에 대응하기 위하여 과세관청이나, 수사기관 또한 조직을 정비하고, 인력을 보강하는 등

전문성을 높여 조세포탈에 대한 조사·단속도 강화하고 있다.

셋째, 조세범, 특히 조세포탈범에 대한 법원의 형사처벌 정도가 강화되는 경향이다. 이러한 경향은 두 가지 요인에서 비롯되었다는 평가이다. 우선 조세포탈에 대한 부정적 인식 확산이 한 요인이 되었다. 신고, 납부할 세금을 부정한 방법으로 누락하는 행위는 국가 공동체의 구성원으로서 마땅히 준수하여야 할 의무를 위반한 행위이자 국가 공동체에 큰 해악을 끼치는 행위이기 때문에 중하게 처벌해야 한다는 생각이 확산되는 추세가 반영된 것이다. 다음으로, 법원의 형사범에 대한 양형이 전반적으로 높아진 경향도 요인이 되었다. 형사 피해자의 권리 강화, 범죄자에 대한 엄벌을 통한 사회 안전 확보의 요청 증대 및 대법원이 마련한 양형기준의 상향 등의 흐름을 반영하여 법원의 형사범에 대한 양형이 전반적으로 높아졌는데, 조세범에 대한 양형도 그 흐름에 맞추어 높아지게 된 것이다.

좀 더 자세히 살펴보면, 포탈세액이 연간 10억 원 이상인 경우 법에서 규정한 처벌 가능한 범위는 '무기 또는 5년 이상 징역'과 '포탈세액의 2배 이상 5배 이하 벌금'을 필요적으로 병과하는 것이다(특정범죄 가중처벌 등에 관한 법률 제8조). 이를 토대로 대법원의 양형기준에서는 선고할 징역형의 기준을 구체적으로 정하고 있는데, 연간 포탈세액이 10억 원 이상 200억 원 미만인 경우에는 기본적으로 징역 4년~6년을 기준으로 정하였다. 선고된 벌금을 납부하지 못하는 경우에는 노역장에 유치되는데, 노역장 유치는 사실상 징역형과 다를 바 없다. 이른바 황제 노역 사건이 계기가 되어 2014년에 형법

제70조 제2항이 새로 마련되었는데, 선고하는 벌금형이 1억 원 이상 5억 원 미만인 경우는 300일 이상, 5억 원 이상 50억 원 미만인 경우는 500일 이상, 50억 원 이상인 경우는 1,000일 이상으로 노역장 유치기간을 정하고 있다. 물론 종전과 마찬가지로 노역장 유치기간이 3년을 넘을 수는 없다.

예를 들어, 연간 포탈세액이 50억 원이라면, 4년~6년의 징역형 및 100억 원~250억 원의 벌금형이 선고될 가능성이 높고, 이러한 벌금형에 대한 노역장 유치기간은 1,000일 이상이 되므로 결국 선고된 벌금을 납부하지 못하면 1,000일 이상 3년 이하 기간 동안 노역장에 유치되어 실질적으로 그 기간만큼 징역형을 추가로 선고받은 셈이 된다.

조세 형사사건의 동향과 대응방안(2)

박정수 변호사

과거에는 탈루된 세금이 있으면 세금을 추징하는 데 그치는 경우가 많았지만 최근에는 조세포탈로 보아 형사 기소를 하는 경우가 많아졌고, 유죄 판결을 받는 경우 그 처벌의 정도도 점점 무거워지는 경향을 보이고 있다.

"세금"은 피할 수 없지만 "조세 형사사건"은 피할 수 있고 피해야만 한다. 조세 형사사건이 발생하면 기업의 경영진, 임직원들 및 법인이 중한 처벌을 받을 위험에 처하고, 장기의 부과제척기간, 중한 가산세율 등 무거운 조세 부담도 따르며, 기업 및 경영자의 평판에도 악영향을 미치는 등 여러 가지 문제가 잇따르기 때문이다. 조세 형사사건을 피하기 위해서는 단계별로 대응방안을 세우고 실행해야 한다.

무엇보다 조세 형사사건은 예방이 중요하다. 국가 공동체의 유지를 위해서는 누군가 세금을 부담해야 하지만 그 누구라도 자신이 세금 부담자가 되기를 원하지 않고 세금을 부담할 경우에도 부담하는 세액을 줄이길 희망한다. 이러한 희망을 토대로 적법한 "절세" 방안을 강구하는 것은 자연스럽고 필요하지만 그 방안이 잘못되어 "절세"가 아닌 "조세포탈" 행위가 될 때 조세 형사사건이 발생하게 된다. 적법한 절세와 범죄행위인 조세포탈의 경계는 이론상으로는 분명하지만 실제 사례에서는 모호한 경우가 많다. 따라서 기업은 평소 세금을 줄이는 방안을 강구할 때 조세 전문가의 도움을 받아 적법한 절세 방안을 찾고 조세포탈 행위는 피해야 한다. 이것이 조세 형사사건을 피하는 첫 번째 단계에서의 대응방안, 즉 예방 차원의 대응방안이라고 할 수 있다. 평상시 조세 전문가를 통하여 세무 진단을 받아 기업의 조세 리스크를 사전에 파악하고 관리하는 것 역시 예방 차원에서 필요하다.

조세 형사사건은 세무조사에서 비롯되는 경우가 많으므로 세무조사 단계에서 적극적으로 대응해야 하고 이 과정에서도 조세 전문가의 조력은 필수적이다. 세무조사에 입회하여 세무조사의 범위를 벗어나는 질문·조사에 대한 방어를 하는 것, 사실관계·법적인 쟁점에 관하여 의견을 제시하는 것이 필요하다. 또한, 세무조사 관련 절차 규정 숙지, 세무조사의 위법성을 소명할 자료 수집, 위법한 세무조사 중지 요청, 행정소송 및 집행정지신청 등을 통하여 위법한 세무조사에 다각도로 대응하여야 한다. 조세범칙조사 심의위원회가 조세범칙조사로 전환 여부나 조세범칙처분 결정 등의 심의를 할 때 적극적으로 의견을 제시하여 세무조사가 범칙조사로 전환되지 않도록 대응하는 것도 중요하다.

세무조사 단계에서의 대응에 실패하게 되면, 수사기관의 수사 및 공소제기를 통해 조세 형사사건이 현실화되는데, 수사기관의 수사 단계부터 조세 전문 변호사의 도움을 받아 적극적으로 대응할 필요가 있다. 변호사가 수사에 입회하여 관련자가 진술을 할 때 적절한 도움을 제공하는 것이 요구된다. 압수수색에 대한 사전 대비도 필요한데, 그 과정에서 증거인멸 등 다른 문제가 불거지지 않도록 주의하여야 한다. 압수수색절차에서는 영장의 범위를 벗어난 과잉 집행에 대응해야 하는데, 특히 전자 파일에 대하여 관련 부분만을 문서 출력·저장매체에 파일을 복사하도록 대응하는 것이 요구된다. 또한 혐의 사실에 대해서 사실관계, 법리 주장을 담은 의견서를 제출하여 무혐의 등 유리한 결과를 도출하도록 해야 한다.

법원은 조세 형사사건의 마지막 단계이므로, 조세 전문 변호사의 도움을 받아 적극적으로 대응하여 무죄 판결 등 유리한 판결을 이끌어 내야 한다. 조세 형사사건의 절차적 특징은 대부분 조세 행정사건이 함께 진행되고 두 사건이 서로 영향을 미친다는 것이다. 조세 형사사건의 실체적 특징은 조세 쟁점과 형사 쟁점이 함께 존재한다는 것이다. 예컨대, 조세포탈 사건의 경우 "포탈세액의 존재"라는 조세 쟁점과 아울러 "사기 그 밖의 부정한 행위"와 "고의"라는 형사 쟁점이 함께 존재한다. 조세 쟁점은 조세 형사사건과 조세 행정사건의 공통되는 쟁점이고, 형사 쟁점은 조세 형사사건에만 존재하는 쟁점이다. 조세 형사사건에서 유리한 판결을 이끌어 내기 위해서는 조세 행정사건에서도 대응을 잘 해야 한다. 조세 쟁점과 형사 쟁점 모두에 대한 면밀한 검토와 변론이 필요하기 때문에 조세와 형사에 관한 법지식과 실무경험이 풍부한 변호인 조력이 필수적이다. 법원의 양형이 높아진 것에 대응하여 양형에 관한 변론을 강화하는 것 역시 필요하다.

분명히 재산을 해외로 빼돌렸는데
재산국외도피죄가 무죄?

정재웅 변호사

2017년 경 모 재벌그룹의 특정 개인에 대한 승마지원 관련 컨설팅회사 송금액이 재산국외도피죄에 해당하는지가 문제된 적이 있다. 해당 행위가 재산국외도피죄로 기소되어 1심 법원에서는 유죄로 인정되었지만, 2심 법원과 대법원에서는 죄가 되지 않는다고 판결하였다. 재산국외도피죄가 성립하는지를 정확히 판단하는 것은 매우 어렵고, 위 사건처럼 재산국외도피죄로 기소되었다고 하더라도 실무상 무죄가 선고되는 경우가 드물지 않다.

재산국외도피죄는 특정경제범죄 가중처벌 등에 관한 법률 제4조에 규정되어 있는 죄로, "법령을 위반하여 대한민국 또는 대한민국 국민의 재산을 국외로 이동하거나 국내로 반입하여야 할 재산을 국외에서 은닉 또는 처분하여 도피시켰을 때"에 성립한다. 이와 같이 재산국외도피죄의 성립에는 항상 재산이 국경을 넘는 행위와 관련되어 있으므로 재산국외도피죄에 대한 1차적인 조사권한은 사법경찰관리의 직무를 수행할 자와 그 직무범위에 관한 법률에 근거해서 관세범(關稅犯)의 조사 업무에 종사하는 세관공무원에게 주어져 있다.

외국환거래법 위반이 문제되는 경우는 재산국외도피죄에 혐의를 두는 경우가 많다. 법령의 종류나 형식을 불문하고 국내 재산의 국외로의 이동을 규율·관리하는 법령을 위반해서 국내 재산을 국외로 이동하면 재산국외도피죄가 성립할 수도 있기 때문에 수출입거래와 관련한 미신고 외국환 지급 등 외국환거래법 위반은 재산국외도피죄로 가는 일종의 가교역할을 하는 셈이다.

문제는 재산국외도피죄를 규정하고 있는 법률 규정이 추상적이고 포괄적이어서 일반인이 쉽게 이해하기 어렵고, 법원 판례도 충분하지 않아 범죄 성립 여부의 판단이 어렵다는 것에 있다.

법원 판례를 통해 확인되는 실례를 살펴보면, 본인 또는 제3자인 해외 관계사의 사업목적으로 사용하기 위하여 법령을 위반하여 국내 재산을 국외로 반출한 경우에는 죄가 성립된다. 하지만 법령을 위반하여 국내 재산을 국외로 반출한 경우라고 하더라도 반출자가 반출한 재산을 소비, 축적, 은닉 등 지배·관리하였던 것으로 볼 수 없는 경우는 죄가 성립되지 않는다. 위 승마지원 사건에서 무죄가 선고된 것도 바로 이와 같은 이유 때문이다. 또 법령을 위반하여 반출한 국내 재산을 기초로 해외에서 조성한 자금을 다시 해외의 다른 계좌로 송금한 경우에도 이는 이미 국내 재산이 아니기 때문에 이 역시 재산국외도피죄가 성립되지 않는다.

실무상 무죄판결이 선고되는 가장 많은 경우는 반출자에게 국내 재산을 국외로 도피시키려는 인식 또는 범의가 있었다고 볼 수 없는 경우이다. 국내로 반입해야 할 중개수수료를 혐의자의 실명으로 개설된 해외계좌에 입금하였고, 해외계좌의 존재가 송장 등 무역 관계서류를 통해 확인이 가능했던 사례에서 무죄로 인정된 것이 대표적이다.

재산국외도피죄에 해당하면 1년 이상의 유기징역 또는 해당 범죄행위의 목적물 가액의 2배 이상 10배 이하에 상당하는 벌금형에 처해지는데, 도피액이 5억 원 이상 50억 원 미만일 때는 5년 이상의 유기징역으로 가중처벌되고, 특히 국외로 도피한 금액이 50억 원 이상일 경우 법정형은 무기 또는 10년 이상의 징역으로 살인죄보다 더 무겁다. 그리고 법인의 대표자 등이 법인의 재산을 국외로 도피한 경우 행위자를 벌하는 외에 그 법인에도 도피액의 2배 이상 10배 이하의 벌금형이 부과되는 중대범죄에 해당된다.

수출입거래와 관련한 미신고 외국환 지급 사실이 확인되는 경우 세관공무원은 외국환거래법 위반 이외에 재산국외도피죄라는 중대범죄를 의심하고 조사에 착수하는 반면, 피조사자는 은닉이나 도피와는 무관하게 단순히 신고 등을 누락한 경우라고 가볍게 생각하고 대응하는 경우가 많다.

그로 인해 과태료 정도 납부할 수 있다고 가볍게 생각한 사건이 초기 대응 잘못으로 인해 재산국외도피 혐의로 발전하고, 이를 해명하는데 상당한 노력과 시간, 경제적 부담을 떠안는 경우를 종종 보게 된다.

재산국외도피죄의 구성요건을 좀 더 구체적이고 명확하게 규정함으로써 조사를 담당하는 세관공무원은 물론 조사를 받는 국민들의 예측가능성을 높일 필요가 있다고 생각한다. 또 관세법이나 외국환거래법 위반이 문제되는 경우 조사자 입장에서는 피조사자에게 재산국외도피죄의 의심 여부를 초기 단계부터 분명하게 고지하고 그에 대한 소명기회를 충분히 제공할 필요가 있다. 피조사자 입장에서는 재산국외도피죄로 의심받을 가능성이 없는지를 면밀히 살펴보고, 가급적 사건 초기단계부터 전문가 도움을 받아 신중하게 대처하는 것이 바람직하다.

가격조작죄, 엄격한 법규의 해석 및 적용기준이 필요하다

정재웅 변호사

관세법 제270조의2는 수출입신고 등을 함에 있어 부당하게 재물이나 재산상 이득을 취득하거나 제3자로 하여금 이를 취득하게 할 목적으로 물품의 가격을 조작하여 신고한 경우 가격조작죄가 성립되고, 2년 이하의 징역 또는 물품원가와 5천만 원 중 높은 금액 이하의 벌금형으로 형사처벌하도록 규정하고 있다. 이 조항은 부당 이득을 취하기 위한 목적의 수출입 물품 가격 조작을 엄단한다는 취지에서 2013. 8. 13. 관세법 개정 당시 도입되었다.

수출입 물품의 가격을 조작함으로써 그 조작된 신고가격을 이용하여 재산을 해외로 도피하고 주가를 높이거나 수출입 물품에 대하여 지원되는 정부예산이나 공공기금, 수출채권에 대하여 이루어지는 금융기관 대출금을 편취하는 경우가 대표적이다.

2020년 2월의 관세청 보도자료에 의하면, 관세청은 건강보험심사평가원과 업무협약을 체결하고, 건강보험심사평가원으로부터 건강보험 적용대상으로 등재된 치료재료의 보험수가 및 건강보험 청구자료와 가격조작 혐의정보를 제공받아, 관세청의 다국적기업에 대한 수입가격 조작 단속 업무에 활용한다고 한다. 국가 재정건전성 확보 등을 위해 유관기관의 협조를 통한 이와 같은 관세청의 가격조작죄 단속은 지속적으로 강화될 것으로 예상된다.

문제는 가격조작죄가 성립하는 범위가 불분명하다는 데에 있다. 가격조작이 구체적으로 무엇을 의미하는지를 정의하는 법령 규정이 없는 상태에서, 법원 판결과 관세청 실무 사이에서도 그 적용범위를 두고 뚜렷한 입장 차이가 있다고 느껴질 정도이다.

예를 들어 회사가 수년간 유지해 오던 특정 물품의 수출가격을 공격적인 마케팅을 통한 시장점유율 확대를 위해 인위적으로 낮추거나 혹은 반대로 종전의 낮은 마진율을 현실적인 수준으로 높이기 위해 수출가격을 인위적으로 높인 경우 가격조작죄가 성립할까?

필자의 실무 경험에 의하면, 세관은 관세법 제270조의2 소정의 가격조작죄가 구성요건으로 삼고 있는 '가격을 조작하여 신고한 경우'의 의미에 대해 실지거래가격을 실제 지급·수수 금액과 다르게 허위로 신고한 경우에 한정된다고 보지 않고, 실지거래가격을 인위적으로 고가(또는 저가)로 조정하여 결정하고 신고한 경우까지 포함되는 것으로 넓게 해석하는 경향을 보이고 있다.

반면 법원은 관세법 제270조의2 소정의 가격조작죄에서 말하는 가격의 '조작'신고를 실제 물품 가격보다 높거나 낮은 가격을 허위로 신고한 경우를 의미한다고 보고, 검사가 피고인이 실제 지급한 거래 가격을 있는 그대로 신고하지 않았다는 사실을 충분히 입증하지 못 하였다는 이유로 피고인의 가격조작 피의사실에 대하여 무죄를 선고 한 바 있다. 가격조작죄의 성립 범위에 대해 상대적으로 엄격한 입 장을 취한 것이다.

부풀려진 수출실적을 바탕으로 부당대출을 받거나 건강보험 재 정을 편취하는 것을 막기 위해 가격조작죄의 적용 범위를 법원판결 에 비해 확대하는 관세청의 입장에도 이해되는 면이 있다.

하지만 가격조작죄는 어디까지나 행위자를 형사처벌하는 형벌 법규(관세 형법)에 해당한다. 때문에 죄형법정주의 관점에서 볼 때 가 격조작죄에 대한 규정의 해석과 적용기준은 당연히 엄격하여여 한다.

가격조작죄의 핵심 구성요건인 가격의 조작(造作)은 '사실이 아 닌 것을 사실인 것처럼 꾸며 만드는 것'을 의미한다. 실지거래가격을 인위적으로 고가(또는 저가)로 조정하여 결정한 경우라고 하더라도 그 이유나 목적이 명백히 부당한 경우가 아니고 신고가격이 실제 지 급된 가격과 같다면, 위와 같은 조작(造作)의 사전적 의미와 죄형법 정주의에 기초한 엄격 해석의 원칙에 비추어 이를 가격조작죄에 해 당하는 것으로 의율해서는 안 된다고 생각한다.

부당대출 방지나 건강보험 재정 유지라는 공익적 목적이 중요 하다고 하더라도 헌법상 기본원칙인 죄형법정주의 원칙 안에서 달성 되어야 한다. 앞으로 관세청의 가격조작죄 단속이 강화되면 가격조작죄 성립 여부를 두고 치열한 법리 다툼이 있을 수밖에 없을 것이다. 가격조작의 의미를 둘러싼 법원과 관세청의 해석 중 과연 어느 것이 타당한지는 향후 대법원 판결을 통해 확인되겠지만, 개인적으로는 특정 분야에서의 공익 목적에 배치되는 측면이 있더라도 죄형법정주의의 기본 원칙이 우선시 되는 인권국가 대한민국의 모습을 기대해 본다.

가상자산도 압류될 수 있다

이경진 변호사

　　최근 국세청, 지방자치단체가 비트코인 등 가상자산으로 재산을 은닉한 고액체납자들에 대한 정보를 입수하여 가상자산을 압류하겠다고 하자, 오랫동안 세금을 납부하지 않고 버티던 체납자들이 지갑을 열어 세금을 납부했다는 뉴스를 접하게 된다. 가상자산 시장의 가치가 상승하는 상황에서 아마도 체납자들로서는 투자가치가 있다고 생각되는 가상자산을 빼앗기기보다는 밀린 세금을 자발적으로 내는 것이 더 낫다고 판단하였기 때문일 것이다.

　　종전에는 전자적 코드에 불과하여 실체 여부가 불분명한 가상자산에 대해 과연 압류한다는 것이 가능할 지에 관하여 논란이 있었다. 그러나 몇 년 전 형법상 몰수의 대상으로 규정하고 있는 범죄수익에 비트코인이 포함되는지가 쟁점이 된 사안에서, 법원이 재산적 가치있는 무형자산도 몰수할 수 있는데 비트코인도 이러한 무형자산에 해당하므로 몰수의 대상이 된다고 판시하면서 그 논란은 일단락되었다. 이와 같은 판단은 비트코인의 경우 예정된 발행량이 정해져 있고 블록체인 기술에 의해 그 생성, 보관, 거래가 공인되는 암호화폐로서 무한정 생성, 복제, 거래될 수 있는 디지털 데이터와는 차별되는 점, 현실적으로 비트코인에 일정한 경제적 가치를 부여하는 것을 전제로 하는 다양한 경제활동이 이루어지고 있는 점 등을 근거로 들어 범죄수익은닉규제법에서 규정하고 있는 재산에 해당한다고 본 것이다. 일단 비트코인 등 가상자산이 몰수의 대상인 자산으로 인정된 후, 법원에 점차 가상자산에 대해 가압류, 압류 등의 신청이 증가하고 있다고 한다.

그런데, 체납자가 소유한 가상자산에 대한 압류는 어떻게 진행될까? 체납자에 대해서는 국세징수법의 징수절차를 따르게 되고, 강제징수는 통상 관할 세무서장의 납세자에 대한 독촉 또는 징수고지, 재산의 압류, 압류재산의 매각·추심, 청산(배분)의 절차를 거치게 된다. 만약 체납자가 가상자산거래소에 가상자산을 보관하고 있는 경우, 과세관청으로서는 은행에 보관된 예금과 마찬가지로 체납자가 가상자산 거래소에 갖는 가상자산출금청구권에 대하여 체납액에 이를 때까지를 한도로 압류할 수 있다. 그러나 과세관청이 이를 압류하더라도 가상자산 가격의 변동성이 커서 통상적인 매각·추심 절차를 통해 실제 집행하기가 쉽지 않았고, 또한 법적 근거가 없어 가상자산거래소를 통해 가상자산을 매각하기도 어려웠다.

이러한 실무상 어려움을 반영하여 2022년 국세징수법이 개정되어 세무서장이 체납자의 가상자산을 압류할 경우 체납자 및 가상자산거래소를 포함한 제3자에게 압류할 가상자산의 이전을 요구할 수 있도록 하였다. 또한 이전 요구에도 가상자산을 이전하지 않을 경우에는 세무서장이 체납자 또는 제3자의 주거 등에 대한 수색을 통하여 압류할 수 있도록 하였다. 이외에도 압류한 가상자산은 가상자산거래소를 통해 세무서장이 직접 매각할 수 있도록 함으로써, 간명한 절차를 통해 강제집행이 이루어질 수 있도록 법적 근거를 명확히 규정하였다. 이러한 개정안이 시행되면 체납자 소유의 가상자산에 대한 강제집행이 더욱 쉽게 이루어질 것으로 기대된다.

이와 더불어 특정금융거래정보의 보고 및 이용 등에 관한 법률에서는 비트코인 등을 포함한 암호화폐를 '가상자산'으로 정의하고, 가상자산거래소를 포함한 가상자산사업자로 하여금 가상자산거래 관련 정보를 제공하도록 의무를 부과함으로써 가상자산 관련 정보를 체계적으로 수집할 수 있는 법적 토대를 마련하였다.

가상자산 통계사이트 코인마켓닷컴에 따르면, 가상자산의 거래액이 코스피의 평균거래액을 추월하였다고 한다. 이렇게 큰 규모로 거래되는 가상자산에 대하여 이제까지 강제집행할 수 있는 방법이 명확하지 않았는데, 가상자산의 압류, 환가 절차가 명확히 규정되면 앞으로 가상자산은 재산은닉 수단과 불법자금거래 수단이라는 오명에서 벗어나 현실자산으로 거듭나게 될 것이다. 가상자산을 통해 재산은닉 등을 하려는 사람에게는 불편해질지 모르나 가상자산을 양성화하고 폭넓게 활용하기 위해서는 환영할 일이다.

세금 체납, 감옥 갈 수도 있다

김용택 변호사

    납세자가 납부기한까지 세금을 납부하지 않을 경우, 과세관청은 독촉한 후 압류 등을 거쳐 납세자의 재산으로부터 세금을 강제로 징수하게 된다. 이를 체납처분이라 하는데, 국가가 채권자로서 직접 채권을 추심하는 것이다. 이러한 직접적인 징수 외에 세법은 체납자에게 사실상의 불이익을 주어 납세의무를 이행하도록 강제하는 간접적인 수단들도 마련하고 있다. 대표적으로 납세증명서 제도 및 관허사업의 제한 등이 바로 그것이다.

    우선, 납세자는 국가나 지방자치단체 등으로부터 공사대금 등 대가를 지급받을 경우 국세 납세증명서 및 지방세 납세증명서를 제출해야 한다. 납세증명서는 발급일 현재 체납액이 없다는 사실을 증명하는 것으로서, 체납세액이 있으면 납부되기 전까지 위 기관들로부터 대금을 받을 수 없게 될 수 있다. 민간사업에서도 이 제도를 이용하여 실제로 발주자가 입찰과정에서 납세증명서의 제출을 요구하는 경우가 있다.

관허사업의 제한이란 납세자가 인·허가 등을 받은 사업과 관련된 소득세, 법인세 및 부가가치세를 일정한 사유 없이 체납하였을 때 신규허가 등을 받지 못하도록 하는 한편, 3회 이상 체납한 경우로서 그 체납액이 500만 원 이상일 경우 사업을 정지하거나 기존 허가 등을 취소하는 것이다. 그리고 조세포탈죄 등으로 유죄판결이 확정된 날부터 2년이 지나지 않은 경우에는 국가나 지방자치단체가 발주하는 사업에서 입찰 참가자격이 제한되기도 한다.

그 밖에도 세법은 정당한 사유 없이 일정 금액 이상의 세금을 체납한 경우 출국금지조치를 취할 수 있도록 하는 한편, 고액·상습 체납자에 대해서는 일정한 요건에 따라 체납자의 인적사항 및 체납액 등을 공개할 수 있도록 하고 있다. 이에 따라 고액·상습 체납자 명단이 공개되었다는 언론기사를 종종 접하게 된다. 심지어, 최근에는 한 방송사가 국세청이 공개한 데이터를 분석해 2억 이상 고액체납자의 위치를 표시한 지도를 제작했다는 보도까지 있었다.

더 나아가 2019년 말 개정된 국세징수법은 직접적으로 신체의 자유를 제한하는 '감치'제도를 새로 도입하였다. 종래부터 과태료 미납에 따른 감치제도가 있었는데, 이는 과태료 납부능력이 있음에도 고의적으로 과태료를 체납하는 고액·상습 체납자를 법원의 재판을 통해 과태료 납부시까지 일정기간 구금하여 과태료 납부를 간접강제하는 것이다. 이를 국세 미납에 대해서도 도입한 것으로, 앞으로는 어느 고액 체납자가 결국은 감치되었다는 내용의 언론기사도 보게 될 것이다.

세법상 감치제도는 국세를 납부할 능력이 있음에도 정당한 사유 없이 국세를 3회 이상 체납하고, 체납발생일부터 각 1년이 경과하였으며, 체납금액의 합계가 2억 원 이상인 고액·상습 체납자를 대상으로 한다. 과세관청이 국세청 국세정보위원회의 의결을 거쳐 검사에게 신청하면, 형사상 구속영장과 유사하게 검사의 청구에 따른 법원 재판을 통해 30일의 범위 내에서 체납자를 감치할 수 있다. 동일한 체납사실로 인해 거듭 감치할 수는 없고, 감치 도중에 체납세액을 납부하면 석방된다.

감치는 엄밀하게는 형사처벌이 아니나 사실상 형사절차상 구속과 같은 제재다. 이는 고액·상습 체납자에게 심리적 압박을 넘어 직접적으로 구금까지 함으로써 납세의무의 이행을 강제하는 것으로 일반적인 체납처분보다 훨씬 강력한 조세채권 실현수단이다. 다만, 경제적으로 여유가 없어 실제로 세금을 납부할 능력이 없는 경우는 감치대상이 아니다. 주의할 것은 일정 기간 감치되었다고 하더라도 세금납부의 효과는 없으므로 여전히 체납세금을 납부해야 한다는 점이다. 이른바 '황제노역'은 없다.

조세정의의 측면에서 세금을 납부할 능력이 있음에도 고의로 세금납부를 회피하는 경우에는 제재가 필요하고, 이를 위해 여러 가지 제도들이 마련되어 있다. 그러나 이러한 납세의무 이행을 위한 간접적 강제수단들은 실제 집행과정에서 납세자의 기본적 인권을 침해할 우려가 있고, 새로 도입된 감치는 더욱 그러하다. 따라서 국가는 그 집행과정에서 납세자의 정당한 권익이 침해되지 않도록 필요 최소한으로 제도를 운용해야 할 것이다.

살아가면서 피할 수 없는 세금! 그 납세의무의 이행은 헌법이 명시한 국민의 기본적인 의무라는 선진시민의식이 필요한 시점이다.

조세포탈 관여자의 손해배상책임

정종화 변호사

　　일반인들이 다른 사람에 대한 권리를 강제로 실현하기 위해서는 법원을 통해 집행력 있는 판결 등을 받아야 하는 것과 달리 국가로부터 과세권을 위임 받은 과세관청은 위와 같은 법적 절차 없이도 조세채권이 구체적으로 확정되기만 하면 곧바로 강제집행을 통해 조세를 징수할 수 있는데, 이러한 측면에서 국가의 국민에 대한 과세권한을 '과세고권'(課稅高權)이라 부르기도 한다.

　　구체적으로 과세관청은 세무조사 등을 통해 납세의무 있는 국민에게 세금을 부과하고, 강제로 세액을 징수하며, 체납자에 대하여는 가산세, 출국금지 등의 제재를 가할 수 있다. 또한, 강제집행 절차 내에서도 다른 일반적인 채권자보다 우선적으로 채권을 회수할 수 있고, 단순한 미신고나 은닉이 아닌 적극적인 조세포탈, 세금계산서 질서 교란행위 등에 대하여는 형사처벌까지도 가능하다.

최근 대법원은 위와 같은 과세관청의 기존 과세고권 외에 직접적으로 납세의무를 부담하지 않은 제3자에 대한 별도의 손해배상 청구권을 인정하여 그 권한이 더욱 확대되었다. 납세자가 진정한 납세의무자를 파악하기 곤란한 외관을 형성하는 등 적극적인 조세포탈 행위를 설계·실행함으로써 과세관청으로 하여금 조세의 부과·징수를 불가능 또는 현저히 곤란하게 하는 경우 조세채권자인 과세관청은 납세의무자에 대한 조세 부과·징수 가능성과 별개로 조세포탈 관여자들을 상대로 해당 조세채권 상당의 손해배상을 청구할 수 있다는 것이다(대법원 2021. 10. 28. 선고 2019다293814 판결).

그러나 대법원 스스로 기존에 밝힌 바와 같이 세법이 공권력 행사의 주체인 과세관청에 부과권이나 우선권 및 자력집행권 등 세액의 납부와 징수를 위한 상당한 권한을 부여하여 공익성과 공공성을 담보하고 있는 이상 특별한 사정이 없는 한 조세채권자인 과세관청이 납세자를 상대로 소를 제기할 이익을 인정하기 어려운 측면이 있다(대법원 2020. 3. 2. 선고 2017두41771 판결). 그리고 조세의 부과·징수 불가능 또는 곤란이라는 결과가 법으로 정해진 부과제척기간이나 소멸시효 기간 내에 적법한 권한 행사를 통해 제대로 세금을 부과, 징수하지 못한 과세관청의 과실로 인해 발생하였을 가능성을 배제할 수도 없다. 뿐만 아니라, 조세포탈 관여자에 대하여는 조세범처벌법, 특정범죄 가중처벌 등에 관한 법률 등을 통해 징역형과 벌금 병과 등의 형사처벌이 이루어지게 되는데, 막강한 과세권한을 갖는 국가 또는 과세관청이 조세포탈 행위자에 대해 위와 같은 형사처벌에 더

하여 민사상의 손해배상책임까지 추궁하는 것이 타당한지에 관한 의문이 들기도 한다.

그 타당성은 별론으로 하고 대법원이 과세관청의 조세포탈 관여자에 대한 손해배상청구권을 인정한 이상 향후 과세관청은 조세채권 회수가 어렵게 된 경우 조세포탈 관여자를 상대로 한 손해배상청구를 통해 조세채권을 회수하고자 할 가능성이 있으므로, 납세자들은 이러한 손해배상청구가 가능하다는 점을 미리 알아 둘 필요가 있다. 한편, 과세관청은 납세자들에 비해 비대칭적으로 인정되는 다양한 과세 관련 권한들을 가지고 있다는 점을 고려하여 위와 같은 손해배상청구권을 매우 제한적, 예외적으로 행사함이 바람직할 것이다.

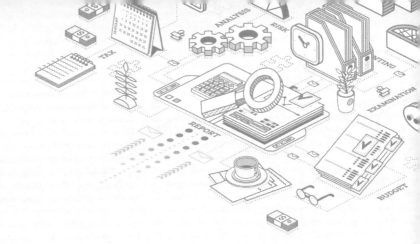

V

국제조세와 관세에 관한 이야기

내 해외금융계좌도 신고 대상일까?

이경진 변호사

　국세청은 전년도 매월 말일 중 단 하루라도 5억 원을 넘는 해외 금융계좌를 보유한 거주자와 내국법인은 6월 1일부터 30일까지 신고하여야 한다고 밝혔다. 특히 해외금융계좌 신고의무자의 성실신고 의무를 강조하면서, 신고기간 종료 이후에는 외국 과세당국으로부터 제공된 금융정보를 토대로 강도높은 사후검증과 세무조사를 착수하겠다고 한다.

　해외금융계좌 신고제도란, 해외소득 미신고, 국내 재산 불법 반출 등 역외탈세 근절을 위하여 2011년 6월 처음 시행된 제도이다. 위 제도 도입 후 9년 동안 역외탈세 근절에 대한 높아진 사회적 요구 등 변화에 맞추어 꾸준히 제도도 손질되어 왔다. 이에 시행 3년 만인 2014년에는 당초 은행 및 증권계좌에 한정되었던 신고대상이 모든 금융계좌로 확대되었으며, 2016년에는 해외 현지법인 계좌에 대한 신고가 강화되었고, 2019년도에는 신고기준금액을 10억 원에서 5억 원으로 인하하여 그 범위가 크게 확대되었는데, 그 결과 신고의무자가 전년대비 68% 이상 증가하였다.

그런데 이와 같은 해외금융계좌를 신고하지 않은 경우 과태료, 형사처벌 및 명단 공개의 대상이 되는 등 상당한 제재가 뒤따르므로, 과연 해외금융계좌 신고 대상자가 누구인지, 어떤 자산을 신고해야 하는지, 이를 위반시 어떠한 처벌을 받는지 차례로 살펴볼 필요가 있다.

먼저 해외금융계좌 신고를 해야 하는 대상자는 누구일까. 전년도 매월 말일 중 단 하루라도 5억 원을 넘는 해외금융계좌를 보유한 거주자와 내국법인은 신고대상에 해당한다. 거주자란 국내에 주소를 두거나 183일 이상 거소를 둔 개인을 말하고, 내국법인은 본점 주사무소 또는 사업의 실질적 관리장소가 국내에 있는 법인인데, 여기에는 해외사업장, 지점이 보유한 해외금융계좌도 포함되고, 지분 100%인 해외현지법인(자회사, 손자회사 등)이 보유한 해외금융계좌도 포함된다. 특히 이러한 해외 현지법인 명의 계좌에 대해서도 자신이 보유한 것과 동일하게 보아 신고의무가 있는데, 2019년까지는 100% 지분을 보유한 법인 주주만 신고대상이었으나, 2020년부터는 100% 지분을 보유한 개인주주도 신고대상에 포함되었다.

둘째, 신고대상계좌란, 해외금융회사에 금융거래를 위해 개설한 계좌인데, 해외금융계좌로 보유한 은행 및 증권계좌, 파생상품, 채권, 펀드, 보험 등 모든 계좌를 말한다. 잔액 산정방법은 해외금융계좌에 보유한 각기 재산을 평가하고, 그 평가금액을 해당 표시통화의 환율을 적용하여 원화로 환산한 후 재산별 금액을 합계하여 산출한다.

이때 유의하여야 할 점은, 해외금융계좌가 차명계좌인 경우 명의자와 실소유자 모두 신고의무가 있고, 공동명의로 된 계좌 또한 각 공동명의자 모두에게 신고의무가 있다는 것이다. 특히 명의자와 실소유자 또는 각 공동명의자는 계좌 잔액 전부를 각자 보유한 것으로 보고 신고기준금액이 넘는지를 계산하여 신고대상 여부를 판단하여야 한다. 예컨대 보유계좌 잔액이 6억 원인 해외금융계좌를 지분율 50%씩 부부가 공동명의로 보유하고 있더라도, 각자 6억 원으로 하여 신고하여야 한다.

만약 이러한 신고의무를 위반한 경우 어떠한 처벌을 받게 될까? 미신고하거나 과소신고한 경우, 과세당국은 미신고한 금액 또는 실제 신고한 금액과 신고하여야 할 금액과의 차액의 20% 이하에 상당하는 과태료를 부과하고(국제조세조정에 관한 법률 제35조), 만약 이러한 신고의무 위반금액이 50억 원을 초과하는 경우에는 2년 이하의 징역 또는 신고의무 위반금액의 100분의 13 이상 100분의 20 이하에 상당하는 벌금에 처하도록 규정하고 있다(조세범처벌법 제16조). 또한 매년 신고의무가 있으므로 만약 여러 해에 걸쳐 신고 누락한 경우 각 연도별로 과태료가 부과되므로 상당한 부담이 될 수 있다.

최근 해외주식 투자 등과 함께 해외계좌를 보유한 법인, 개인들이 많아지고 있다. 해외금융계좌 신고 기준금액이 5억 원으로 낮아짐에 따라 대상자가 확대된 상황에서 위반시 과태료, 형사처벌 등 상당한 제재가 따르므로, 해외계좌를 갖고 있는 경우 신고대상자에 해당하는지 확인하여 볼 필요가 있다. 만약 신고기한이 지나 해외금융계좌를 신고하지 않았거나 적게 신고하였다는 점을 알게 되더라도, 과세당국이 위 과태료를 부과하기 전까지 수정신고나 기한 후 신고를 할 수 있고 신고 시점에 따라 최대 90%까지 과태료가 감경되므로(국제조세조정에 관한 법률 시행령 제51조 제6항), 별일 없겠지 하는 생각으로 아무런 조치를 취하지 않고 있다가 신고위반에 따르는 제재를 받기보다는 법률전문가와 상의하여 시의적절한 대응조치를 취함으로써 피해를 최소화할 필요가 있다.

호주에서 지급된 코로나19 관련 보조금의 나비효과는?

강찬 변호사

코로나19가 세상에 처음 나타난 지 벌써 3년이 다 되어 가지만 아직까지 코로나 사태는 현재 진행형이다. 그간 각국 정부는 코로나19로 인한 전 세계적인 경기 침체를 막기 위해 앞다투어 다양한 경기부양책들을 쏟아냈다. 특히 대량 실업사태는 국가 경제 및 국민생활에 심각한 영향을 주는 만큼 각국 정부는 실업률 관리에 안간힘을 쓰고 있다.

호주 정부는 지난 4월 코로나19로 인한 대량 실업사태를 막기 위해 1,300억 호주 달러, 우리 돈으로 약 100조 원 규모의 파격적인 고용유지 보조금(JobKeeper Payment) 정책을 발표했다. 매출 규모 조건과 코로나19에 따른 매출 감소 입증 조건을 충족하는 기업에 한하여 신청 자격을 갖게 되며, 직원 한 명 당 6개월 동안 2주일에

1,500 호주달러씩을 정부로부터 지급받게 된다. 즉, 코로나19로 인하여 악화된 경제상황에서 기업들이 종업원을 해고하지 않고 안정적으로 고용을 유지할 수 있도록 정부에서 일정기간 동안 인건비를 일부 부담하겠다는 것이다.

이러한 정책은 한국에 본사를 두고 호주 소재 자회사와 이전가격 거래를 수행하고 있는 국내 기업들의 거래가격 산정에 예기치 않은 이슈를 만들어 낼 수 있다. 특수관계법인 간 이전가격 거래는 독립기업원칙에 따라 정상가격으로 이루어져야 하며 만일 거래가격 산정에 문제가 있을 경우 국세청 또는 해외 자회사 소재지국의 과세당국에서 이전가격 과세이슈를 제기할 수 있다.

예를 들어 호주 소재 자회사가 본사에 용역을 제공하는 거래를 수행하는 경우, 현지에서 발생한 비용에 정상가격 Mark-up을 가산하여 용역 수수료를 산정하는 것이 일반적이다. 이 경우 발생 비용에는 호주법인의 인건비가 포함되는데 만일 호주법인이 호주 정부로부터 고용유지 보조금(JobKeeper Payment)을 지원받은 경우 실제로 해당 금액만큼 인건비를 지출하지 않았기 때문에 해당 금액에 대한 Mark-up 대상 원가 포함 여부가 이슈가 될 수 있다.

만일 한국 본사에서 용역 수수료 산정 시, 호주법인이 호주정부로부터 지원받은 고용유지 보조금만큼을 실제 발생한 인건비를 감소시켰다는 이유로 Mark-up 대상 원가에서 차감한다면, 그로 인하여 본사가 호주법인에 지불하는 용역 수수료는 낮아지게 된다. 이에 따라 호주법인에 귀속되는 과세소득은 감소하게 되며 호주 과세당국에서는 해당 이전가격 거래에 대한 과세이슈를 제기할 수 있다.

　이와 관련하여 최근 7월 호주 국세청(ATO)은 특수관계인간 용역거래의 정상가격 산정에 있어 호주법인이 고용유지 보조금을 수취하였다고 하더라도 해당 인건비 부분을 Mark−up 대상원가에 포함시켜서 용역 수수료를 산정할 것을 발표하였다. 이러한 움직임은 코로나19로 인한 대량 실업사태를 막기 위한 자국 법인에 대한 지원 강화와 동시에 자국 세수 확보에 대한 노력으로 판단된다. 따라서 호주 소재 자회사가 현지에서 고용유지 보조금(JobKeeper Payment)을 수취하는 국내 기업의 경우 향후 이전가격 정책의 실행과 관련하여 세심한 주의가 요구된다.

　나아가 위와 같은 이슈는 호주에 국한되는 것이 아니라, 코로나19 관련 보조금 지원이 이루어지는 모든 국가에서 발생할 수 있으므로, 이전가격 정책의 실행에 앞서 코로나19 관련 보조금 지원이 미치는 영향에 대한 면밀한 검토가 필요하다.

Cross-border Deal을 하면서 놓치기 쉬운 것 한 가지

신상현 미국회계사

세상은 끝이 보이지 않던 코로나의 긴 터널을 서서히 벗어나고 있다. 이제 일상으로의 회복과 더불어 포스트 코로나 시대로의 전환이 현실화되면서 개인과 기업 모두 새로운 변화를 앞두고 있다. 코로나 이후 글로벌 산업구조의 변화가 더욱 가속화됨에 따라 다국적 기업들은 더 먼 미래의 변화들을 기민하게 예측하고 대비해야 한다. 이에 따라 최근 다국적 기업들을 중심으로 다가올 미래를 대비한 향후 신사업 관련 M&A가 활발하게 진행되고 있다. 특히 4차 산업혁명의 도래와 미중 패권경쟁의 심화로 반도체 산업은 격변기를 맞고 있으며, 최근 ESG 경영의 도입이 본격화되면서 해당 산업과 관련한 M&A 또한 빠르게 증가하고 있다.

이러한 M&A는 국내 기업들 사이에서만 이루어지는 것이 아니라, 국경을 넘어 제품, 서비스, 기술, 정보의 이동을 포함하여 전 세계 경제의 통합으로 경제환경이 글로벌화되어 감에 따라 국내기업이 외국기업을 인수하는 아웃바운드 Deal과 외국기업이 국내기업을 인수하는 인바운드 Deal을 포괄하는 Cross-border Deal은 지속적으로 증가하고 있으며, 대형 Deal뿐만 아니라 중소형 규모 Deal에서도 투자대상회사가 여러 국가에서 사업을 영위하는 사례를 많이 볼 수 있다.

이러한 Cross-border Deal의 경우 이전가격 이슈가 발생할 가능성이 높고, 국외특수관계인간 거래에 적용되는 이전가격은 M&A과정에서 단순히 기업의 가치평가에 대한 영향뿐만 아니라 M&A 이후 거래구조 및 value chain의 재편 등 향후 사업의 운영과도 직결되어 있으므로 더욱 더 세밀한 이전가격 검토가 필요하다.

그런데, 현행 M&A 실무에서 이전가격에 대한 검토는 주로 세무실사(Tax due diligence)의 일부로 이루어진다. 하지만 제한된 실사일정과 세무실사 과정의 한정된 보수 등을 감안하였을 때, 일반적으로 이전가격 위험에 대한 실사는 간략하게 이루어지기도 하며, 일부는 형식적으로 수행되는 경우도 있다. 이로 인해 향후 거래구조에 적용될 이전가격에 대한 세부적 검토는 주로 M&A 이후 통합관리를 위한 PMI(Post Merger Integration)과정에서 이루어지기도 한다.

하지만 Cross-border Deal에서 이전가격 검토는 단순히 과거 사업연도에 발생한 세무위험 분석에 그치지 않고 M&A 이후 value chain의 변경과 기업 전반의 공급사슬 재편과도 연결되는 중요한 이슈이다. 특히 특수관계 거래에 적용되는 거래가격은 예상현금흐름에 직접적으로 영향을 미치기 때문에 가치평가 과정에 중요한 영향을 미칠 수 있다. 또한 최근 국제조세 분야의 가장 뜨거운 이슈가 되고 있는 OECD의 Pillar 1, 2 도입 등, BEPS(다국적 기업의 세원 잠식을 통한 조세 회피 방지대책) 프로젝트의 도입 이후 지속적인 국제조세 패러다임의 변화를 감안하여 M&A가 해당 글로벌 기업의 전반적인 이전가격 정책에 미치는 영향을 검토할 필요가 있다.

이처럼 M&A 과정에서 이전가격은 인수자(Buy side), 매도자(Sell side) 모두가 살펴봐야 할 중요한 이슈이자 가치창출의 기회이다. 따라서 성공적인 M&A를 위해 거래 당사자 모두의 심도 있는 고려가 요구된다. 우선 인수자는 기존 사업의 이전가격 정책과 M&A 이후 사업모델 및 사업전략을 다각도로 분석하여 최적의 거래구조 및 과세위험 최소화를 위한 이전가격 정책을 수립해야 할 것이다. 이러한 사전적인 검토없이 특수관계 거래가 먼저 이루어지면 해당 기업은 이미 발생한 거래에 대하여 이중과세 위험에 노출될 수밖에 없다. 아울러 매도자 입장에서도 단순히 과거 이전가격 과세 위험에 대한 분석을 넘어 M&A 이후 재편될 거래구조 및 value chain에 대한 전반적인 재검토가 필요하다. 이를 통해 기존의 이전가격 정책에 대한 변경이 필요한 경우 매도 이후 사업모델 변경 내용을 반영하여 새로운 이전가격 정책을 수립할 수 있을 것이다.

코로나 이후 주춤했던 M&A 시장이 활성화되고 있다. 또한 Cross-border Deal이 증가하면서 M&A 과정에서 이전가격의 중요성도 나날이 증대되고 있다. 앞으로 M&A에서 이전가격 검토는 세무실사 과정의 일부로 수행되던 일회성 목적의 세무위험 분석에 한정되지 않고, 향후 기업의 글로벌 비즈니스 운영 모델과 이중과세 위험을 고려한 최적의 거래구조에 대한 검토를 통해 M&A의 목적에 부합하고 효익을 극대화 할 수 있는 수단으로 새롭게 자리매김해야 할 것이다.

디지털경제의 세금, 디지털세의 등장

정종화 변호사

　최근 전 세계 국제조세제도의 가장 큰 화두는 지난 2021년 7월 G20 재무장관회의에서 역사적 합의가 이루어진 디지털세(Digital tax)일 것이다. 수많은 국가 간에 복잡하게 얽힌 이해관계의 대립 또는 충돌로 인해 합의가 요원해 보이기만 하던 디지털세에 관한 국가간 합의는 국제조세제도의 개혁이라고 불릴 만큼 각국의 세법이나 조세조약, 다국적기업들의 거래 관행에 상당한 변화를 가져올 것으로 예상된다.

　OECD와 G20은 다국적기업들이 국가간 세법 차이나 조세조약의 허점을 활용하여 조세를 회피하고, 조세피난처 또는 세율이 낮은 국가에 소득을 유보하는 행위를 막기 위해 2012년경부터 BEPS(Base Erosion and Profit Shifting, 세원잠식과 소득이전) 프로젝트를 통하여 국제적인 대응 체계를 준비해 왔다. BEPS 프로젝트는 국제조세제도의 주요 분야인 이전가격 과세, 고정사업장, 혼성불일치 거래, 특정외국 법인 유보소득 과세 등을 주제로 한 총 15개의 Action Plan에서 주제별 문제점을 파악하고, 이에 따른 개선방안을 제시하고 있다.

특히, BEPS 프로젝트 Action Plan 1은 '디지털 경제에서의 조세 문제 해결(Addressing the Tax Challenges of the Digital Economy)'을 주제로, 디지털 경제의 팽창으로 인한 다국적기업의 직접세 및 간접세 회피 문제를 지적하면서 잠재적인 해결방안을 제안하였고, 2015년 10월 발간된 Action Plan 1 최종보고서에서는 시장 소재국에 고정사업장을 두지 않고 매출을 발생시키는 디지털 거래에 대해 간접세(부가가치세)를 부과하는 방안을 제시하였다. 다만, Action Plan 1 최종보고서는 디지털 거래에 대한 직접세(법인세) 부과와 관련하여서는 논의의 필요성만을 언급하였을 뿐 다른 Action Plan과의 중복 가능성(Action Plan 7의 고정사업장 지위 판단 기준 등), 포괄적인 조세 문제 야기 가능성 등을 이유로 구체적인 해결방안을 제시하지 못한 한계가 있었다.

그리하여 현재 140개 국가가 참여 중인 BEPS 프로젝트의 포괄적 이행체계(Inclusive Framework)는 다국적기업의 디지털 거래에 직접 법인세를 부과하는 방안에 대한 연구에 집중하였고, 2019년경 그 연구 계획(Programme of work)을 발표하였다. 해당 연구 계획은 기존의 디지털 거래에 대한 법인세 과세방안의 연구·분석을 전제로, 국가간 과세권 배분을 다루는 Pillar 1과 국외 소득에 최저한세를 적용하여 과세하는 Pillar 2를 통해 디지털세에 대한 새로운 접근방법을 제안하였다. 이후 2020년에는 Pillar 1과 Pillar 2 각각에 대한 계획(Blueprint) 및 경제적 효과 평가(Economic impact assessment) 보고서가 발표되었고, 추가로 수차례 공공 협의를 거쳐 2021년 7월 마침내 BEPS 프로젝트의 포괄적 이행체계는 위 2-Pillar 접근방법에 최종 합의하였다.

디지털세의 2-Pillar 접근방법에서 각 Pillar의 대략적인 내용은 다음과 같다.

△Pillar 1(국가별 매출비중을 고려한 시장 소재국의 과세권 인정)

연결매출액 200억 유로 및 이익률 10% 이상 기준을 충족하는 다국적기업(특정 산업 제외)이 특정 관할권 내 매출액이 100만 유로 이상일 경우(국가의 GDP가 400억 유로 이하인 국가는 25만 유로 이상일 경우) 과세연계점(Nexus) 형성을 인정, 글로벌 이익 중 통상이익률 10%를 넘는 초과이익에 배분율(시장기여분) 20%~30%을 적용하여 시장 소재국에 과세권 배분

△Pillar 2(최저세율 미만의 해외 자회사 소득에 대한 본사 소재국 과세권 인정)

연결매출액 7.5억 유로 이상인 다국적기업(소득산입 규칙의 경우 각국은 7.5억 유로 미만인 다국적기업에 적용 가능, 특정 유형 또는 산업 제외)의 해외 자회사 소득에 대한 실효세율이 최저한세율(약 15%)에 미치지 못하는 경우 미달 부분에 대해 본사 소재국에서 과세

이러한 2-Pillar 접근방법은 디지털경제 분야에 대해 최초로 적용하는 법인세 체계이므로, '과세연계점'과 같은 생소한 용어가 많

이 등장하고, 그 내용이나 적용방법 또한 이해하기가 쉽지 만은 않다. 디지털세는 2021년 10월로 예정된 G20 정상회의에서의 최종 합의 시점에 최저한세율 등 세부적인 사항을 결정하고, 이후 2022년에 다자간 협정 체결 및 각국 법제화 등의 과정을 거쳐 2023년부터 본격적으로 이행될 예정이므로, 실제 적용까지는 아직 시간적으로 여유가 있다. 우리 경제의 상당 부분이 소수의 대규모 다국적기업의 수출에 의존하고 있음을 고려하면, 국내 다국적기업을 지원하고 그 이해관계를 대변하는 정부 차원의 노력이 있을 것으로 예상되지만, 디지털세가 실제 적용될 것에 대비하여 국내 다국적기업들 역시 스스로 선제적인 대응 전략을 마련하는 것이 필요해 보인다. 최근 급변하는 국제조세제도의 동향에 비추어 준비는 빠를수록 좋다.

수출용 수입원재료를 국산원재료로 대체 사용하면 어떤 혜택?

강찬 변호사

물품을 수입하고, 관세를 납부하는 경우 원칙적으로 이미 납부한 관세를 환급받을 수는 없다. 그러나 수입물품이 원재료로서 수출물품을 생산하는데 사용된 경우에는 얘기가 다르다. 이 경우에는 「수출용 원재료에 대한 관세 등 환급에 관한 특례법」에 따라 해당 원재료 수입 당시 납부하였던 관세 등을 환급받을 수 있다. 이는 능률적인 수출 지원과 균형 있는 산업발전에 이바지하기 위한 목적으로 특혜를 부여한 것이다.

그런데, 수출물품을 생산하는데 수입원재료를 사용하면 수출을 통해 얻은 외화 중 상당부분이 국외로 유출되어 그만큼 수출효과가 줄어 든다. 따라서 수출효과를 극대화하기 위하여는 수입원재료를 대체하여 국산원재료의 사용을 촉진하기 위한 조치가 필요하다. 그것이 바로 수출용 원재료의 대체원재료 사용에 대한 관세환급제도이다.

이 제도에 따르면, 수출물품을 생산하는데 국내에서 생산된 원재료(수입 관세가 없는 원재료 포함)와 수입된 원재료가 동시에 사용되고, 그 각각의 원재료가 동일한 질과 특성을 갖고 있어 상호 대체 사용이 가능하여 수출물품의 생산과정에서 구분없이 사용된 경우, 즉 서로 대체원재료 관계에 있는 경우에는, 수입된 원재료가 국내에서 생산된 원재료보다 우선적으로 사용된 것으로 보고, 관세 등 환급 세액을 산정한다.

이는 국내에서 생산된 원재료를 수입된 원재료와 함께 사용한 경우라도, 수입된 원재료만 사용한 경우와 동일한 관세 등 환급이 가능하도록 함으로써 국내에서 생산된 원재료의 사용을 촉진하고자 하는데 그 취지가 있다.

그런데 어떠한 원재료가 서로 대체원재료 관계에 있는지 여부에 대해 종종 다툼이 생기는 경우가 있다. 세관당국은 대체원재료로 인정되기 위한 요건 중 "동일한 질과 특성을 가질 것"과 관련하여 기본적으로 물리적·화학적 성질이 완벽히 동일할 것을 요구하고 있다.

그러나 대체원재료로 인정되기 위한 요건으로서의 "동일한 질과 특성을 가질 것"은 "사용"을 전제로 하는 개념으로 보아야 한다. 대체원재료로 인정되기 위해 함께 요구되는 다른 요건들인 "상호 대체 사용", "구분 없는 사용"과의 관계에 비추어 보면 알 수 있다. 즉, 물리적·화학적 성질이 완벽히 동일하지 않더라도 "사용"에 필요한 물리적·화학적 성질이 동일하다면 여기서의 "동일한 질과 특성을 가질 것"이라는 요건은 충족한다고 보아야 한다.

이러한 사례로 최근 필자가 관여하였던, 수출물품의 원재료로 사용된 나프타(원유를 증류할 때 35~220℃의 끓는점 범위에서 유출되는 탄화수소의 혼합물로서, 중질 가솔린이라고도 한다)와 C5 Raffinate 사이에 대체원재료 관계가 인정되는지 여부가 다투어진 사건이 있다. 이 사건에서 서울행정법원은 나프타와 C5 Raffinate(수입원재료)가 서로 물리적·화학적 성질이 동일하지는 않지만, NCC(나프타 분해공장, Naphtha Cracking Center)에 투입되어 에틸렌, 프로필렌 등의 수출용 석유화학제품을 생산하는데 있어서 필요한 물리적·화학적 성질이 상호 대체사용 가능한 수준으로 동일하고, 실제 구분없이 사용되는 이상, 대체원재료 관계가 인정된다고 판단하였다.

이러한 서울행정법원 판단은 대체원재료로 인정되기 위한 요건으로서의 "동일한 질과 특성을 가질 것"을 "사용" 측면에서 판단한 것으로서 대체원재료 인정 요건을 분명히 확인한 의의를 갖는다. 향후 과세당국도 이러한 법리를 적극 수용하여 수출 지원 및 산업발전에 이바지하기 위해 제정된 관세환급 관련법령이 효율적으로 작동하기를 기대해 본다.

·

관세장벽이 전자회로의 흐름을 막아서는 안 된다

강찬 변호사

　요즈음 판매되는 전자제품을 보면, 외관은 종전에 비해 별로 달라진 것이 없어 보이나, 기능은 전혀 다른 제품이라고 느낄 정도로 뛰어나 사용자에게 주는 편리함이 이루 말할 수 없을 정도이다. 전자제품이 제대로 작동할 수 있도록 두뇌 역할을 하는 것이 전자회로인데, 전등을 켜고 끄거나 빛의 세기를 조절하는 것과 같은 간단한 기능은 소수의 반도체 소자로 구성된 단순한 구조의 분리형 전자회로(Discrete Circuit)로도 충분히 처리가 가능하나, 전자제품의 발전에 따라 복잡하고 고도화된 기능을 수행하기 위해서는 수많은 반도체 소자들로 전자회로를 구성할 필요가 있다.

　그런데, 이러한 전자회로를 단순한 구조의 분리형 전자회로로 구성할 경우 지나치게 큰 부피가 요구되는 문제가 있다. 예를 들어 오늘날의 컴퓨터 중앙처리장치(CPU)는 대개 20억~400억 개의 반도체 소자(트랜지스터 등)를 포함하는 전자집적회로(Integrated Circuit)로 구성되어 있는데, 만약 이를 전자집적회로가 아닌 분리형 전자회로로 구성한다면 100헥타르(1㎢)의 면적이 필요할 정도라고 한다. 이를 해결하기 위해 집적형 전자회로, 즉 전자집적회로가 개발되었고, 전자집적회로로 인해 전자제품(특히 컴퓨터)의 크기가 획기적으로 소형화될 수 있었을 뿐만 아니라, 소모되는 전력도 크게 줄어들었는바, 오늘날의 정보기술 혁명은 모두 전자집적회로 덕분이라고 해도 과언이 아니다.

이와 같이 인류에게 편의를 제공하는 전자제품을 만들어 유통하기 위해 고도의 기술이 반영된 전자집적회로가 국경을 넘어 자유롭게 거래되도록 보장할 필요가 있다. 세계무역기구(WTO) 협정은 반도체 산업과 정보통신 기술 발달을 촉진하는데 관세가 장애요소로 작동하지 않도록 하기 위해 WTO 협정국간 전자집적회로에 대한 관세율을 0%로 정하고 있고, 이를 우리나라도 관세법으로 수용하고 있다. 따라서 우리나라로 수입되는 전자집적회로는 0% 관세율을 적용받아 무관세로 수입된다.

한편, 우리나라 관세법은 이와 같이 0%의 관세율이 적용되는 전자집적회로의 개념을 '수동소자 또는 수동부품 및 능동소자 또는 능동부품을 고밀도로 조합시킨 초소형화된 장치로서 단일유닛으로 간주되는 것'으로 정의하고 있고, 단일유닛으로 간주되기 어려운 '다른 디바이스'가 부가된 것은 전자집적회로에서 제외된다고 규정하고 있다. 그런데, 어떠한 물품이 전자집적회로에 해당하는지 여부와 관련하여 해당 물품을 구성하는 부품 중 '다른 디바이스'에 해당하는 부품이 포함(부가)되어 있는지에 대해 판단 기준이 명확하지 않아 종종 다툼이 생기는 경우가 있다.

실제로 세관당국에서는 해당 규정을 엄격하게 해석하여 무관세로 수입되는 경우를 줄이려는 입장을 취하여, 해당 물품을 구성하는 부품 중 일부가 절연되어 전류 흐름과 무관하다는 것을 이유로, 그 절연된 부품은 위 '다른 디바이스'에 해당하고, 해당 물품은 '다른 디바이스'가 부가된 것이므로 전자집적회로에 해당하지 않는다고 판단하여 관련 관세를 추징한 바 있다.

이에 대해 법원은 최근 전기적으로 절연되어 있는 부품을 포함하고 있더라도 그 부품이 다른 부품들과 마찬가지로 '수동소자 또는 수동부품 및 능동소자 또는 능동부품'으로서의 기능과 역할을 할 뿐만 아니라, 해당 부품이 단순한 기계적인 조립이 아니라 전자집적회로 제조공정 과정에서 전기도금 기술, 즉 관세법상 전자집적회로 인쇄처리 방식 중 하나인 '도포'의 방식으로 형성된 이상, 이는 전자집적회로를 구성하지 않는 '다른 디바이스'라고 볼 수 없다고 판결하였다. 이러한 법원 판결은 어떠한 부품이 전기적으로 절연되어 있는지 여부와 같은 물리적, 구조적 성질이 아니라 그 실질적 기능과 역할을 기준으로 단일의 전자집적회로를 구성하는지, 아니면 '다른 디바이스'에 해당하는지 여부를 따져야 한다는 입장을 취한 것으로 이해된다.

실질적 기능과 역할을 기준으로 단일의 전자집적회로를 구성하는 이상, 그 물리적, 구조적 성질을 이유로 전자집적회로로의 분류를 거부하는 것은, 그 기능적 유용성을 이유로 전자집적회로에 대한 0% 관세율 적용을 통해 반도체 산업 및 정보통신 기술 발달을 촉진하고자 한 취지를 훼손하는 관세장벽으로 작동할 수 있다는 점에서 위와 같은 법원의 판단은 타당하다고 생각된다.

FTA 협정세율 적용신청에 오류가 있어도 신청하지 않는 것 보다는 낫다

강찬 변호사

우리나라는 2022년 2월 1일 발효된 RCEP 자유무역협정(FTA: Free Trade Agreement)을 포함하여 현재 58개국과 18건의 FTA를 체결 및 발효시켰고, 여타 신흥국가와의 FTA도 지속적으로 추진해 오고 있다.

FTA는 체결국 사이의 무역장벽을 완화하여, 보다 자유로운 무역을 가능케 한다. 여기서의 무역장벽은 크게 관세장벽과 비관세장벽으로 구분되는데, 관세장벽이란 수입물품에 관세를 부과하여 수입을 억제하는 제한 조치를 가리키고, 비관세장벽이란 관세 이외의 방법(예: 쿼터제)으로 수입을 억제하는 제한 조치를 가리킨다.

관세장벽을 완화하는 대표적인 방법은 FTA 체결국 사이에서 이루어지는 수입에 대해 일반세율이 아닌 그보다 완화된 FTA 협정세율을 적용하는 것이다. 그렇게 되면 수입 시 납부해야 할 관세가 줄어들 뿐만 아니라, 관세가 포함된 수입물품 가격을 과세표준으로 하는 부가가치세 부담도 덩달아 줄어들게 된다.

우리나라로 수입하는 물품에 대해 FTA 협정세율을 적용받기 위해서는, 세관장에게 해당 수입물품에 대하여 자유무역협정의 이행을 위한 관세법의 특례에 관한 법률(이하 'FTA 특례법')에 따라 FTA 협정세율의 적용을 신청하여야 한다. FTA 특례법은 협정세율의 적용 신청 시점과 관련하여, 수입신고 수리 전까지 FTA 협정세율의 적용을 신청하도록 규정하는 한편, 수입신고 수리 전까지 FTA 협정세율의 적용을 신청하지 못한 수입자는 수입신고 수리일부터 1년 이내까지 FTA 협정세율의 적용을 신청할 수 있는 길을 열어두고 있다.

문제는 수입신고 수리 전까지 FTA 협정세율의 적용을 신청하였으나, 그 신청에 오류가 존재하는 등 신청이 잘못 이루어진 경우에, 이를 수입신고 수리일부터 1년 이내까지 취하하고 다시 FTA 협정세율의 적용을 신청할 수 있는지 여부이다.

이와 관련하여, 최근까지는 실무적으로 FTA 특례법이 수입신고 수리일부터 1년 이내까지 FTA 협정세율의 적용을 신청할 수 있는 수입자를 "수입신고의 수리 전까지 FTA 협정세율의 적용을 신청하지 못한 수입자"로 규정하고 있는데 수입신고의 수리 전에 FTA 협정세율의 적용을 신청한 수입자는 수입신고 수리 전까지 FTA 협정세율의 적용을 신청하지 못한 수입자가 아니라는 이유로, 신청의 오류를 바로 잡고 다시 FTA 협정세율의 적용을 신청할 수 없는 것으로 처리하여 왔다.

즉, 오류가 있어 받아들여질 수 없는 신청이라고 하더라도, 수입신고 수리 전에 FTA 협정세율의 적용을 신청한 이상, "수입신고의 수리 전까지 FTA 협정세율의 적용을 신청하지 못한" 경우에 해당하지 않으므로, 수입신고의 수리일부터 1년 이내라고 하더라도, 오류를 보완하여 다시 FTA 협정세율의 적용을 신청할 수 없다는 것이다.

그러나 최근 법원의 판결을 통해, 비록 수입신고의 수리 전에 FTA 협정세율의 적용을 신청하였다고 하더라도, 그 신청에 오류가 있어 이를 바로잡지 않고는 FTA 협정세율의 적용을 받지 못하는 경우라면, 수입신고의 수리일부터 1년 이내까지는, 세관당국에 의해 FTA 협정세율의 적용이 확정적으로 배제되지 않은 이상 수입신고의 수리 전에 한 FTA 협정세율 적용 신청을 철회한 다음, 그 신청에 존재했던 오류를 바로 잡고 다시 FTA 협정세율의 적용을 신청할 수 있다는 법리가 확인되었다.

일반적으로 행정관청에 대한 신고의 효력과 관련하여 오류가 있는 신고를 아예 신고를 하지 않는 경우보다 더 불리하게 취급할 수는 없다. 당초 신고에 일부 신고로서의 효력을 인정할 수 있다면 일부 신고로 처리하고, 일부 신고로서의 효력마저 인정할 수 없다면 아예 신고를 하지 않은 경우로 처리하면 된다. 과소신고를 무신고보다 더 불리하게 취급할 수 없다는 것은 법 이전의 상식의 문제이다. 만일 과소신고를 무신고보다 더 불리하게 취급한다면 이는 불합리한 차별로서 헌법상 평등원칙 위배의 문제로 연결된다. 단순히 기계적인 문언해석에 의해 FTA 협정세율 적용신청을 한 사람을 아예 신청을 하지 않은 사람보다 더 불리하게 취급한 종전의 실무처리는 헌법정신은 물론 우리의 상식에 반한다는 비난을 면하기 어렵고 뒤늦게라도 법원이 이를 바로잡은 것은 다행한 일이 아닐 수 없다.

더욱이 위 판결을 통해 FTA 협정세율을 적용받을 수 있는 길이 보다 넓어졌다는 점에서, 이는 관세장벽 등을 완화하여 보다 자유로운 무역을 보장하기 위한 FTA의 정신에도 부합한다고 하겠다.

수입품을 실은 선박이 항구에 도착하기 전에도
수입신고를 할 수 있나?

강찬 변호사

A법인은 노르웨이로부터 수산물을 수입하여 국내 수산물유통업체에 판매하는 사업을 영위하고 있다. 그런데, 조만간 수입수산물에 대한 관세율이 인상될 것이라는 소문이 있어 가능하면 관세율이 인상되기 전에 수입을 하려고, 서둘러 수입절차를 진행하였으나, 그 사이에 수산물에 대한 관세율 인상이 확정되고, 수출국 현지 사정으로 선적이 늦어지는 바람에 인상된 관세율이 적용되는 시점까지 수입수산물을 실은 선박이 입항하여 수입신고를 할 수 없게 되었다. 이 경우 A법인은 인상 전 세율을 적용받는 것으로 수입신고를 하는 방법은 전혀 없는 것인가?

우리나라 관세법령에 따르면, 수입물품에 대한 관세 등은 수입신고를 하는 때의 세율, 물품의 성질과 수량에 따라 부과되고, 수입신고는 해당 물품을 적재한 선박이나 항공기가 입항된 후에만 할 수 있다. 다만, 예외적으로 수입하려는 물품의 신속한 통관이 필요할 때에는 해당 물품을 적재한 선박이나 항공기가 입항하기 전에 수입신고를 할 수 있는데, 이를 입항전수입신고라 한다. 입항전수입신고가 된 물품은 우리나라에 도착한 것으로 보고, 입항전수입신고 당시의 세율, 물품의 성질과 수량에 따라 관세 등이 부과된다.

A법인은 아직 수입수산물을 적재한 선박이 입항하지 않았으나, 이와 같은 입항전수입신고 제도를 활용하여, 인상 후 세율이 아닌 인상 전 세율을 적용받을 수 있을까? 이는 세율이 곧 인상될 예정에 있는 물품에 대해서도 입항전수입신고가 가능한지, 달리 표현하면 입항전수입신고를 통해 원칙적인 수입신고 방법인 입항후수입신고를 하였다면 적용받았어야 하는 인상 후 세율이 아닌 인상 전 세율을 적용받을 수 있는지 여부에 따라 결론이 달라진다.

이에 관해 관세법 시행령 제249조 제3항 제1호는 세율이 인상되거나 새로운 수입요건을 갖추도록 요구하는 법령이 적용되거나 적용될 예정인 물품은 해당 물품을 적재한 선박 등이 우리나라에 도착된 후에 수입신고하여야 한다고 규정하고 있다. 위 규정을 살펴보면, 세율 인상이 예정되어 있는 물품을 적재한 선박 등이 우리나라에 도착된 후에 수입신고를 하라고 규정하고 있을 뿐, 단지 해당 물품에 대한 입항전수입신고가 불가하다고 규정하고 있지 않으므로 입항전수입신고 제도를 활용할 여지가 있어 보인다.

그런데, 세관당국은 관세법 시행령 제249조 제3항에 규정된

"해당 물품을 적재한 선박 등이 우리나라에 도착된 후"의 의미를 "입항 후"라고 해석하여 위 각 호 소정의 물품에 대해서는 입항전수입신고가 불가하고, 원칙적인 수입신고 방법인 입항후수입신고만 가능한 것으로 실무처리를 하는 경우가 있다. 이에 대해 기획재정부는 관세법 시행령 제249조 제3항 제1호 소정의 물품에 대한 입항전수입신고 가능 여부와 관련하여, 관세법 시행령 제249조 제3항 소정의 "해당 물품을 적재한 선박 등이 우리나라에 도착"된 후에 수입신고하라는 의미는, "해당 물품을 적재한 선박 등이 영해 등 우리나라의 영역에 도달"한 후에 수입신고하라는 의미라고 유권해석함으로써 관세법 시행령 제249조 제3항 제1호 소정의 물품도 해당 물품을 적재한 선박 등이 영해 등 우리나라의 영역에 도달한 후에는 입항전수입신고를 할 수 있다는 입장을 밝혔다.

신속한 통관을 보장하고자 하는 입항전수입신고 제도의 취지와 해당 물품을 적재한 선박 등이 영해 등 우리나라의 영역에 도달한 후에는 입항전수입신고를 허용하더라도 입항전수입신고를 통해 세율인상을 회피하는 폐해 발생 우려가 낮다는 점에서 관세법 시행령 제249조 제3항 각 호 소정의 물품에 대한 입항전수입신고의 전면 금지가 아닌 해당 물품을 적재한 선박 등이 영해 등 우리나라의 영역에 도달한 후에 한해서는 입항전수입신고를 허용하여야 한다는 기획재정부 유권해석이 타당하다고 생각된다.

A법인은 인상된 관세율이 적용되는 시점까지 수입수산물을 실은 선박이 입항하지 못하더라도, 우리나라 영해에 도착한다면 입항

전수입신고제도를 통해 인상전 세율을 적용받는 것으로 수입신고를 할 수 있을 것으로 보인다.

외국에서 사온 명품시계를 국내에서 무상보증서비스를 받는 경우 그 비용 부담 주체는?

강찬 변호사

특수관계인 사이에 이루어지는 거래는 통상적인 경우에 비하여 정상적인 대가의 수수가 이루어지지 않을 가능성이 높고, 이러한 이유로 과세관청은 항상 이러한 거래를 통해 세금을 회피하는 것이 아닌지 의심의 눈초리로 쳐다보게 된다. 특히 그러한 거래가 국제거래인 경우에는 국가의 과세권을 침해할 수 있으므로 더욱 예의 주시하게 되는데, 실무상으로도 국외특수관계인 사이에 다수의 재화거래와 용역거래가 이루어지는 경우 정상가격을 어떻게 산출할 것인지에 관하여 자주 논란이 발생한다.

국제조세조정에 관한 법률(이하 '국조법')은 국제거래에 따른 정상가격 산출방법을 규정하고 있는데, 국외특수관계인 사이에 다수

거래가 이루어지는 경우 정상가격은 원칙적으로 개별적인 거래별로 그 정상가격을 각각 산출하도록 하되, 개별적인 거래들이 서로 밀접하게 연관되거나 연속되어 있어 거래별로 구분하여 정상가격을 산출하는 것이 합리적이지 아니할 경우에는 개별적인 거래들을 통합한 다음 그 통합거래의 정상가격을 산출하도록 규정하고 있다.

이처럼 개별적인 거래들을 통합하여 정상가격을 산출하는 방법을 통합평가 분석방법이라고 하는데, 국조법은 제품라인이 같은 경우 등 서로 밀접하게 연관된 제품군의 경우, 제조기업에 노하우를 제공하면서 핵심 부품을 공급하는 경우, 특수관계인을 이용한 우회거래가 이루어지는 경우, 한 제품의 판매가 다른 제품의 판매와 직접 관련되어 있는 경우, 그 밖에 거래의 실질 및 관행에 비추어 개별적인 거래들을 통합하여 평가하는 것이 합리적이라고 인정되는 경우에 개별적인 거래별로 정상가격을 산정할 것이 아니라 통합평가 분석방법을 통해 정상가격을 산출하도록 규정하고 있는 것이다.

예컨대, 거래당사자 일방이 높은 이익을 취득할 수 있는 주요 제품(커피 캡슐, 프린터용 토너 등)의 판매나 관련 용역의 제공에 대한 수요를 창출하기 위해 특정제품(커피머신, 프린터 등)에 대해서는 비정상적으로 낮은 이익을 얻거나 심지어 손실을 감수하고 거래하는 경우가 있는데, 이러한 경우에는 개별적인 거래에 대한 정상가격을 각각 산출하지 않고 관련된 거래들을 통합하여 정상가격을 산출한다는 것이다.

이러한 사례 중 하나로 이른바 '명품'을 제조, 판매하는 해외 본사의 한국 자회사가 해당 제품을 수입하여 국내에서 판매하고 해외 본사의 글로벌 정책에 따라 무상보증서비스 등을 제공함에 있어서 국내에서 판매되지 않은 제품, 즉 한국 자회사가 판매하지 않은 제품에 대해서도 무상보증서비스 등을 제공하고 그 대가를 해외 본사로부터 지급받지 않은 경우가 있는데, 이를 정상거래로 볼 수 있는지 여부가 쟁점이 되어 서울행정법원에서 소송이 진행되었다.

과세관청은 한국 자회사가 제품을 수입하여 국내에서 판매하는 거래와 직접 판매한 제품에 대해 무상보증서비스 등을 제공하는 거래는 서로 연관되거나 연속되어 있다고 볼 수 있으나, 한국 자회사가 직접 판매하지 않은 제품에 대해 무상보증서비스 등을 제공하는 거래는 수입판매 거래와 무관하게 이루어진 거래라는 이유로, 한국 자회사는 직접 판매하지 않은 제품에 대해 무상보증서비스 등을 제공한 거래의 적정한 대가를 해외 본사로부터 지급받았어야 함에도 이를 지급받지 않은 것은 정상거래로 볼 수 없다고 보아, 그 적정 대가 상당액에 대하여 한국 자회사에 법인세를 부과하였다.

이에 대하여, 한국 자회사는 자신이 직접 판매하지 않은 제품에 대해 무상보증서비스 등을 제공한 것은 해외 본사의 이전가격 정책에 따라 전 세계적으로 국외특수관계인이 아닌 자와의 통상적인 거래에서도 적용되는 것으로서, 한국 자회사의 매출 증대에 기여하고 한국에 대한 독점적 수입판매권자 지위 유지와 밀접하게 관련되므로 거래 전체를 통합하여 평가하여야 하며, 이와 다른 견해를 취한 법인세 부과처분은 위법하다고 주장하였다.

위 쟁점에 대하여 당사자 사이에 치열한 공방이 이루어진 후, 서울행정법원은 ① 명품의 경우 구입처와 무관하게 전세계 공식대리점 어디에서나 무상보증서비스 등 사후 서비스를 제공하는 것이 특징이고, ② 이러한 사후 서비스 제공은 제품 가치에 직접적인 영향을 미치며, ③ 따라서 한국 자회사가 판매한 제품의 가격에는 한국 자회사가 판매하지 않은 제품에 대한 사후 서비스 제공 대가 역시 포함되어 있다고 보아야 하고, ④ 특히 한국 자회사는 이러한 사후 서비스 제공을 전제로 한국에서의 독점적 수입판매권자 지위를 유지하고 있는데 이러한 독점적 수입판매권자 지위 유지를 통한 상당한 수준의 영업이익 보장 자체가 사후 서비스 제공에 따르는 비용을 보전받는 것으로 볼 수 있는 점 등을 종합하여 볼 때 한국 자회사의 제품 수입 및 판매 거래, 이에 대한 무상보증서비스 등 제공 거래, 직접 판매하지 않은 제품에 대한 무상보증서비스 등 제공 거래는 전부 서로 밀접하게 연관되거나 연속되어 있어 전체를 통합하여 평가하여야 한다고 판단하여 한국 자회사의 손을 들어 주었다.

이러한 서울행정법원 판결은 밀접하게 연관된 다수의 재화거래와 용역거래를 하고 있는 다국적기업의 국제거래 실무상 자주 쟁점이 되는 정상가격 산출방법으로 통합평가 분석방법 적용을 인정하고 그 기준을 제시한 판결로서 의미 있는 판결이다.

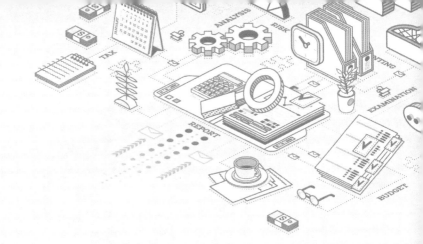

VI

미래사회의 세금 이야기

미래사회와 세금 - 로봇세

박정수 변호사

　미래사회와 관련하여 가장 뜨거운 화두 중 하나는 AI다. 우선 개인 차원에서는 AI가 인간의 노동력을 대체하고 일자리를 빼앗을지가 주된 관심사이고, 기업 차원에서는 AI를 만드는 기업이나 잘 활용하는 기업만이 경쟁력을 유지할 수 있을 것이라는 전망이 주를 이룬다.

　과연 AI가 인간의 노동력을 대체하고 인간은 일자리를 잃게 될 것인지에 관한 전망은 엇갈린다. 역사적으로 새로운 기술이 나올 때마다 같은 우려가 있었지만 새로울 기술의 출현으로 없어진 일자리만큼 새로운 일자리가 창출되었고, 현재 AI의 출현으로 인한 우려 역시 같은 방식으로 해소될 것이라는 낙관론이 있다. 반면 AI의 출현은 인류가 겪어보지 못한 새로운 현상으로 AI는 완벽하게 인간을 대체할 수 있다는 의견도 있다. 특히 AI가 모든 면에서 인간의 능력을 뛰어넘는 '특이점'에 다다르면 인간 대다수는 일자리를 잃고 실업자, 그리고 빈곤층으로 전락할 수밖에 없다는 비관론이 있다.

현재로서는 어떤 예상이 맞을지 가늠하기 어렵다. 다만, 분명한 것은 사회 곳곳에서 AI가 일자리를 두고 인간과 경쟁하면서 인간을 밀어내는 현상이 벌어지고 있다는 점이다. 가령 미국의 로펌에서 종전 방식에 따르면 10명의 변호사가 해야 하는 업무를 2명의 변호사가 AI를 활용하여 처리하는 것과 같은 일이 벌어지고 있다. AI가 변호사 8명의 일자리를 빼앗은 셈이다. 우리나라도 일부 로펌에서 이미 AI를 활용하고 있고, AI의 활용도가 점점 늘어날 것은 분명하다.

이처럼 AI가 인간의 노동력을 대체하고 일자리를 빼앗는 현상은 미래사회의 세금 문제, 특히 이른바 '로봇세' 도입 논쟁과 직결된다.

로봇세의 필요성은 우선 국가의 세수 확보 차원에서 찾을 수 있다. 개인이 AI에 밀려 일자리를 잃게 되면 그만큼 개인의 소득이 줄어들고 개인의 소득에 부과되는 소득세도 줄어들 수밖에 없다. 인간들 사이의 일자리 경쟁은 국가 세수에 별다른 영향을 미치지 않는다. 어떤 사람이 그 일자리를 차지하든 동일하게 소득세가 부과되는 까닭이다. 그러나 AI가 인간을 밀어내고 일자리를 차지한다면 국가로서는 당장 세수가 줄어든다. 현행 세법상으로는 AI의 소득(?)에 대해서 과세할 방법이 없기 때문이다. AI에 밀려 일자리를 잃은 사람이 실업자가 된다면, 그 사람의 복지 등을 위해서 예산이 더 많이 필요하게 된다. 국세청 발표에 따르면 2018년 소득세는 약 86조 원으로 우리나라 총 세수 중 약 30%의 큰 비중을 차지하고 있다. 이러한 사정까지 고려하면, 국가의 세수 일실의 문제는 더욱 심각하게 다가온다. 국가 세수 일실의 문제를 해결하기 위해서 AI에 대한 과세, 이른바 로봇세 과세의 필요성이 대두된다.

로봇세의 필요성은 인간과 AI 사이의 일자리 경쟁, 즉 기업의 인간 고용과 AI 사용 문제에 조세의 중립성을 유지한다는 차원에서도 찾을 수 있다. 가령 어떤 일자리에 인간 고용 비용(임금)과 AI 사용 비용(구입비, 유지비 등)이 같고, 생산성도 같으며, 인간이나 AI 또는 해당 기업에게 인간 고용 또는 AI 사용과 관련하여 아무런 세금도 부과되지 않는 경우를 가정하면, 기업의 입장에서 인간 고용과 AI 사용의 선호도가 같게 된다. 그런데, 현행 세법과 같이 개인에게 소득세가 부과되는 경우라면 기업이 인간 고용을 선택하는 경우에 개인에게 부과되는 소득세 중 일부가 기업에 전가될 수 있다. 즉, 기업은 개인에게 소득세가 부과되지 않을 경우에 비하여 더 많은 급여를 지급해야 할 수 있다. 그 외에도 기업은 현행법상 인간 고용으로 각종 사회보험, 건강보험 등을 납부해야 하는 부담까지 안게 된다. 이러한 현행 세법을 비롯한 관련 법령에 따른 각종 부담을 감안하면 기업은 인간 고용보다 AI 사용을 더 선호하게 된다. 말하자면, 국가가 인간 고용에 대해서 세금 등을 부과하고, AI 사용에 대해서 보조금을 지급함으로써 AI 사용을 장려하는 결과가 된다. 이러한 문제 해결을 위해서도 로봇세 과세가 필요하다는 주장이 대두된다.

하지만 로봇세 도입에는 여러 난제가 존재한다. 우선 로봇세라는 개념, 내용 자체가 불분명하다. 로봇세가 부과되는 AI나 그렇지 않은 AI를 어떻게 구별할지, 인간의 노동력을 대체하는 기계, 기구, 설비 등에 대해서도 마찬가지로 로봇세를 부과할지, 납세의무자나 과세표준을 어떻게 정할지 등 풀어야 할 쟁점이 많다. 또한, 로봇세 도입은 AI에 관한 기술의 발전과 혁신을 가로 막는 불필요한 규제라는 비판도 존재한다.

상당수의 과학자들은 AI가 인간을 뛰어넘는 지능, 감성을 가지는 수준을 넘어 강한 자의식(自意識)을 가지는 시기가 올 것이라고 예상한다. AI가 강한 자의식을 가지게 되면, SF영화에서 보듯이 모든 면에서 인간과 별반 다르지 않으므로 '사회 구성원'으로 취급해야 하지 않을까? 이런 AI를 납세의무자로 한 로봇세를 과세하는 제도를 마련하는 것은 당연한 조치가 아닐까? 미래사회의 모습, 미래사회의 세금에 대하여 고민과 상상이 교차한다.

미래사회와 세금 - 기본소득

박정수 변호사

　미래사회에서 인간이 AI에 의하여 대체되고 일자리를 잃게 될 것이라는 전망이 대두되자 이로 인해 초래될 국가의 세수 일실 등의 문제를 해결하기 위한 방안으로 거론되는 것이 '로봇세' 도입이라면, 일자리를 잃고 빈곤층으로 전락할 개인들을 위한 방안으로 논의되는 것이 '기본소득' 도입이다.

　기본소득(Universal Basic Income)은 재산이나 소득이 많고 적음, 또는 일을 하는지 여부를 묻지 않고 정부가 모든 개인에게 조건 없이 지급하는 돈이다. 기본소득 제도는 기존 사회보장제도와 유사한 기능을 할 것으로 생각되지만, 여러 측면에서 기존의 일반적인 사회보장제도와는 다르다.

　근래에 기본소득 제도에 관한 관심이 높아진 것은 근본적으로 실업률의 증가, 특히 AI에 의해 인간의 노동력이 대체될 것이라는 전망과 두려움에 기초하고 있다. 개인들 대부분이 AI나 로봇에 밀려 일자리를 잃게 되고 빈곤층으로 전락하여 여러 문제가 발생할 수 있으니 정부가 기본소득을 지급하여 최소한의 인간적 생활을 할 수 있도록 보장해야 한다는 것이 그 취지이다.

기본소득 제도에 대해 반대하는 측에서는 무엇보다 기본소득 제도를 운영할 막대한 재원을 마련할 수 없다는 점을 지적하고 있다. 예컨대, 우리나라 정부의 2019년 예산안은 470.5조 원으로 편성되었고 그중 보건, 복지, 고용에 관련된 예산은 162.2조 원으로 전체 예산 중 34.5%의 비율을 차지한다. 이를 인구수(약 5,183만 명)로 나누면 1인당 월 약 26만 원(연 약 312만 원)이 된다. 보건, 복지, 고용 관련 예산을 모두 기본소득 예산으로 돌리더라도 1인당 월 약 26만 원은 기본소득 제도의 취지에 비추어 턱없이 부족한 금액이다. 적어도 이 금액의 3배, 즉 1인당 월 78만 원은 되어야 그 취지를 살릴 수 있을 텐데, 이 경우 기본소득 지급에 소요되는 예산은 정부의 전체 예산과 맞먹는 금액이 된다.

2016년 6월 5일 스위스에서 전 국민을 상대로 보편적인 기본소득을 지급할지를 묻는 국민투표가 진행되었는데, 76.7%의 반대로 부결되었다. 스위스 정부가 국민투표에 부친 기본소득 도입 방안은 매달 18세 이상 모든 성인에게 2,500스위스프랑(약 300만 원)을, 어린이와 청소년에게 650스위스프랑(약 78만 원)을 기본소득으로 나누어 주는 방식이었다.

핀란드는 2017년부터 실업자 2,000명에게 기존 사회보장급여와 별개로 매월 560유로(약 74만 원)를 지급하는 실험을 2년간 시행하였다. 그 실험의 효과를 두고 논란이 있지만 실업률 개선이나 근로의욕 고취 효과가 없었다는 점은 비교적 분명하다. 핀란드 정부가 기본소득 지급의 실험을 중단하기로 한 것에는 이러한 사정이 영향을 미쳤다는 분석이다.

최근 우리나라 정부는 코로나19라는 유례없는 위기에 대응하여 국민 생활의 안정과 위축된 경제 회복을 위해 '긴급재난지원금'을 지급하였다. 전 국민 대상 2,171만 가구들 대상으로 하여 가구원수에 따라 40만 원에서 100만 원까지 차등 지급하였다. 애초 정부는 긴급재난지원금의 지급 대상을 '소득 하위 70%'로 하였다가 그 대상을 전 국민으로 확대하였는데, 그 과정에서 '상위 30%에게 재난지원금을 주는 것은 적절하지 않다.', '그 정도 금액은 국민의 어려운 경제사정을 해소하기에는 턱없이 부족하다'는 등 다양한 논란이 일었다. 또한, 긴급재난지원금에 소요된 14.3조 원의 예산을 마련하기 위하여 국채 발행, 증세 등의 후속 조치가 실행되거나 고려되고 있으며, 이에 대한 비판 역시 이어지고 있다. 기본소득 제도 도입에 많은 시사점을 주는 대목이다.

아직 대다수의 개인들이 일자리를 가지고 땀 흘려 일하면서 경제 생활을 영위하고 있어 기본소득 제도 도입 논의가 당장의 일로 여겨지지 않는다. 그러나 상당수의 미래학자들, 과학자들의 예측에 따르면, AI가 인간을 대체하고 대부분의 일자리를 빼앗는 것은 그렇게 먼 미래의 일이 아니다. 과연 AI가 인간을 대체하고 대부분의 일자리를 빼앗는 일이 실제로 벌어질까? 기본소득 제도를 운영할 재원을 지속적으로 마련할 방안이 있을까? 대다수의 개인들이 기본소득으로 연명한다면, 땀 흘려 일하는 행복, 자기 계발, 자아 실현 등의 가치는 어디서 찾을 수 있을까? 미래사회의 모습, 미래사회의 세금에 대하여 또 다른 고민과 상상이 교차한다.

탄소세와 미래의 산업

전완규 변호사

　인류 역사에는 특이한 성격의 세금이 꽤 많았다. 로마시대에 유료 공중화장실에 모인 오줌을 수거하여 사용한 섬유업자들에게 부과했던 오줌세, 17세기 말 러시아에서 수염을 길렀던 사람에게 부과했던 수염세, 17세기 말부터 19세기 중반까지 프랑스나 영국에서 창문의 수에 따라 집 소유자에게 부과했던 창문세 등이 대표적이다. 이들 세금 모두 그 당시 사회 상황을 반영한 것이라 그 시대와는 전혀 다른 현대사회에 살고 있는 우리들은 생소함이나 놀라움을 느낄 수밖에 없다.

　마찬가지로, 로마시대에 살았던 사람들이나, 17세기 내지 19세기에 살았던 사람들은 요즘 전세계적으로 논의되고 있는 탄소세(Carbon tax)에 대하여 우리가 오줌세, 수염세, 창문세 등에 대하여 가지고 있는 생소함이나 놀라움을 그대로 느낄 것이다. 그 시대에는 탄소 그 자체도 생소할 뿐만 아니라, 탄소에 세금을 붙인다는 것은 상상조차 할 수 없기 때문이다.

이처럼, 세금은 그 시대를 반영하므로, 세금의 종류 역시 시대마다 다르다. 탄소세는 이산화탄소 사용으로 인해 심화되고 있는 지구 온난화 문제를 방지하기 위해 이산화탄소를 배출하는 석유, 석탄 등 각종 화석에너지 사용량에 따라 부과하는 세금으로 가장 최근에 도입되었다고 봐도 무방하다. 핀란드가 1990년 처음 도입하였고, 지금은 스웨덴, 스위스 등 약 50여 국가가 시행 중인 것으로 알려져 있다. 유럽연합(EU)은 지난 7월에 2030년까지 유럽의 온실가스 배출량을 55% 줄이고 2050년에는 EU를 순탄소배출량(배출량 – 감소량)이 0인 탄소 중립 대륙으로 만들겠다고 하면서 그 방안으로 탄소국경세를 도입하겠다는 입장을 밝혔다. 우리나라 역시 탄소세 도입을 골자로 한 교통·에너지·환경세법 전부개정안이 국회에 이미 제출된 상태이다.

탄소세가 미래 산업에 미치는 영향은 매우 크다. 탄소세의 등장은 500년 넘게 인류의 산업을 이끌었던 석유, 석탄 등 화석에너지의 퇴장과 친환경 재생에너지를 기반으로 한 새로운 산업구조 개편의 촉진을 의미한다.

여기서 문제는 우리나라가 전 세계에서 중국, 미국, 인도, 러시아, 일본, 독일 다음으로 탄소배출량이 많은 국가라는 사실이다. 우리나라가 지난 30~40년 동안 높은 경제성장률을 달성하면서 그 어느 시대보다 경제적으로 살기 좋은 나라가 될 수 있었던 것은 석유,

석탄 등과 같은 화석에너지를 활용한 제조업 중심의 수출 덕분이니, 놀라운 사실이 아니다. 그런데, 탄소세 도입, 확대는 우리 기업이 화석에너지를 활용하여 만든 제품을 유럽연합에 수출할 때 과거에는 부담하지 않았던 탄소세를 추가로 부담하여야 한다는 새로운 장애에 부딪히게 한다. 이는 기업과 국가의 국제 경제력과 직결되는 문제이다.

화석에너지를 탈피한 제조업 개편이나, 전통적인 제조업 중심에서 엔터테인먼트, 헬스케어, 플랫폼 등과 같은 비제조업 중심으로의 산업구조 또는 무역구조 개편이 필요한 이유가 바로 여기에 있다. 최근 화두가 되고 있는 ESG(환경·사회·지배구조) 경영의 필요성 역시 이와 연장선에 있다. 모든 변화는 위기이자 기회이다. 탄소세 도입, 확대 역시 이러한 변화의 일환이다. 우리 기업, 국가, 국민 모두가 이러한 변화에 슬기롭게 대처한다면, 또 다른 새로운 성장, 발전의 기회를 맞이할 수 있을 것이다.

•

우주여행은 면세일까

이정렬 변호사

아담 스미스는 그의 책 '국부론'에서 '관세는 태곳적(Time im-memorial)부터 존재했다'고 적고 있다. 창세기 1장의 '태초에 하나님이 천지를 창조하시니라'는 문구를 떠올리게 하지만 사실은 인류의 기억과 지혜로는 그 시작을 알 수 없다는 뜻일테다. 호머의 '일리아드'를 보면 "바다를 건너온 페니키아인이 시돈(그릇으로 유명했던 도시 국가로 현재 레바논에 같은 이름의 도시가 있다. '안성맞춤'의 어원이 된 우리나라의 '안성'과 같은 곳이랄까) 사람이 정성스럽게 만든 은기(銀器)를 왕에게 선물로 바쳤다"는 대목이 나온다. 누군가는 저 은기처럼 '상인이 무역을 할 나라로부터 보호를 받고 거래를 원활하게 하기 위해 통치자에게 바친 선물'에서 관세가 태동한 것이라고 믿기도 한다. 지금에야 많은 사람들에게 관세는 면세점을 들를 때나 이른바 '해외직구'를 할 때 성가시게 여기는 정도의 세금이 되었지만 역사로 따지자면 관세를 따라올 세금이 없다.

대부분의 사람들은 '세금'이라 하면 소득세나 법인세 또는 부가가치세를 떠올리지만 이 세목들은 관세에 비하면 비교적 최근에야 '발명'된 것들이다. 소득세는 19세기 즈음 영국이 나폴레옹 전쟁의 전비(戰費)를 마련하기 위해 고안한 것이다. 그마저도 잠시 부과하다 그만두었다. 소득세를 부과하려면 국가가 국민들의 살림살이를 일일이 들여다볼 수밖에 없는데 그것이 국민의 자유를 침해한다는 반대 때문이다. 매년 자신이 벌고 쓴 돈을 꼬박꼬박 국가에 신고하고, 세금을 내는 것을 신성하게까지 여기는 후손들을 그 당시 사람들이 보면 어떤 생각을 할까.

부가가치세가 만들어진 것은 더욱 최근이다. 적어도 1960-70년대의 주역인 산업화세대에게는 부가가치세가 스마트폰이나 전기차처럼 '이 세상에 없다가 생겨난' 새로운 발명품이었을 것이다. 부가가치세는 1960년대에 이르러서야 유럽에서 '발명'되어 우리나라에는 1970년대에나 도입되었기 때문이다. 올해 물가상승률이 연 3%가 될지도 모른다며 호들갑을 떨고 있지만 그 당시에는 부가가치세가 도입되면서 소비재의 물가가 단번에, 그것도 품목을 가리지 않고 거의 예외없이 10% 인상되었던 셈이다.

그러나 경제성장에 목말라 있던 그 시절에 들여온 부가가치세제의 도입 명목은 다름 아닌 '수출 경쟁력의 확보'였다. 물건을 수출하는 수출자는 자신이 물건을 사면서 냈던 부가가치세를 돌려받고, 이를 외국에 되팔 때에는 부가가치세를 징수하지 않아도 되는 이른바 '영(0)세율' 제도 덕분에 종전에 각종 개별소비세를 얹어 팔던 물건을 이전보다 싸게 팔 수 있게 되었기 때문이다. 미국에서는 일부 주(州)에 유사한 성격의 소비세가 있을 뿐 유럽이나 우리나라에서와 같은 의미의 부가가치세는 아직 도입하지 않고 있다.

세금의 역사를 보면 '태초부터' 과세대상이었던 것은 없다. 세금은 정부가 어디에다 세금을 매겨 국민에게 고지서를 날릴지 부단히 고심한 결과들일 뿐이다.

바야흐로 우주 시대다. 아마존의 창업자 제프 베이조스, 테슬라의 창업자 일론 머스크 등 세계적인 갑부들이 앞다투어 우주 산업에 뛰어들었고, 이미 민간인을 대상으로 한 우주여행에 여러 차례 성공했다. 우리나라도 2021년 10월 우리 땅에서, 우리 손으로 만든 로켓 누리호를 발사했다. 2030년까지는 달 탐사선을 쏘아올리겠다는 야심찬 계획도 갖고 있다.

페니키아인이 왕에게 은기를 바칠 때에는 상상도 못했던 시대가 도래했다. 아마 정부는 '우주세(宇宙稅)'라도 만들어 보려 호시탐탐 노리고 있지 않을까. 아닌게 아니라 실제 그런 일이 일어나고 있다. 미국 민주당 소속 얼 블루머나워 하원의원은 우주여행에 대해 세금을 부과하는 법안을 제출할 것이라고 하면서, 그 법안을 이른바 '우주세법(Space Tax Act)'라고 이름지었다고 한다. 우주가 부유층을 위한 면세 휴가지가 돼서는 안 된다는 것이다. 게다가 "우주 비행은 탑승객 1인당 탄소배출이 대서양 횡단 비행보다 60배나 많고, 자동차로 지구 한 바퀴를 돌 때 나오는 배출량에 맞먹는다"라고도 지적했다.

거꾸로 우리나라에서는 우주비행체를 국가나 지방자치단체에 공급하는 경우에는 부가가치세를 면제해주는 법안이 발의된 적이 있다. 이미 지금도 우주비행체나 인공위성을 수입하는 경우에는 관세를 납부할 필요가 없다. 결국 우주와 관련된 세금도 정책의 방점이 어디 있느냐에 따라 과세와 면세가 갈리는 것이다. '태초부터' 과세 대상이었던 것은 없다.

책을 만든 사람들

임승순
- 사법시험 19회, 전 서울행정법원 부장판사
- 법무법인(유) 화우 변호사(조세)
- 조세법(박영사)

옥무석
- 전 이화여자대학교 법학전문대학원 교수(상법, 세법)
- 법무법인(유) 화우 고문(조세)
- 전 한국세법학회장, 한국지방세학회장

전오영
- 사법시험 27회, 전 서울지방법원 북부지원 판사
- 법무법인(유) 화우 변호사(조세)
- 국세청 조세법률고문

박정수
- 사법시험 37회, 전 서울남부지방법원 부장판사
- 법무법인(유) 화우 변호사(조세)
- 국세청 조세법률고문

정재웅
- 사법시험 41회
- 법무법인(유) 화우 변호사(조세)
- 서울지방국세청 조세법률고문

전완규
- 사법시험 41회
- 법무법인(유) 화우 변호사(조세)
- 대한변호사협회 세제위원회 위원, 한국국제조세협회 이사

이경진
- 사법시험 44회, 전 서울지방국세청 송무과장
- 법무법인(유) 화우 변호사(조세)
- 국세청 국세정보공개심의위원회, 국가송무상소심의위원회 위원

김용택
- 사법시험 45회
- 법무법인(유) 화우 변호사(조세)
- 전 서대문세무서 납세자보호위원회 위원

정종화
- 사법시험 47회
- 법무법인(유) 화우 변호사(조세)

강 찬
- 사법시험 49회
- 법무법인(유) 화우 변호사(조세)

허시원
- 변호사시험 2회
- 법무법인(유) 화우 변호사(조세)

이정렬
- 사법시험 52회
- 법무법인(유) 화우 변호사(조세)

김성언
- 공인회계사시험 44회
- 법무법인(유) 화우 공인회계사

신상현
- 미국 Vermont주 회계사시험
- 법무법인(유) 화우 미국회계사

로펌변호사가 들려주는 세금이야기 2

초판발행	2023년 2월 10일
지은이	법무법인(유) 화우
펴낸이	안종만 · 안상준
편 집	장유나
기획/마케팅	조성호
표지디자인	이영경
제 작	고철민 · 조영환
펴낸곳	(주) 박영사
	서울특별시 금천구 가산디지털2로 53, 210호(가산동, 한라시그마밸리)
	등록 1959. 3. 11. 제300-1959-1호(倫)
전 화	02)733-6771
f a x	02)736-4818
e-mail	pys@pybook.co.kr
homepage	www.pybook.co.kr
ISBN	979-11-303-4372-3 03360

copyright©, 법무법인(유) 화우, 2023, Printed in Korea

정 가   19,000원